KB032071

승무원 영어면접
Answer 2

승무원 영어면접

Answer 2

초판 1쇄 발행 2014년 6월 30일
2쇄 발행 2016년 4월 22일

지 은 이 최성희
펴 낸 이 최지숙
편집주간 이기성
편집팀장 이윤숙
기획편집 윤은지, 박경진, 윤일란
표지디자인 신성일
책임마케팅 윤은지
펴 낸 곳 도서출판 생각나눔
출판등록 제 2008-000008호
주 소 서울 마포구 동교로 18길 41, 한경빌딩 2층
전 화 02-325-5100
팩 스 02-325-5101
홈페이지 www.생각나눔.kr
이 메 일 webmaster@think-book.com

• 책값은 표지 뒷면에 표기되어 있습니다.
ISBN 978-89-6489-278-7 14320
세 트 978-89-6489-275-6 14320 (전 2권)

• 이 도서의 국립중앙도서관 출판 시 도서목록(CIP)은 서지정보유통지원시스템 홈페이지(http://seoji.nl.go.kr)와 국가자료공동목록시스템(http://www.nl.go.kr/kolisnet)에서 이용하실 수 있습니다(CIP제어번호: CIP2014011143).

Copyright © 2014 by 최성희, All rights reserved.
· 이 책은 저작권법에 따라 보호받는 저작물이므로 무단전재와 복제를 금지합니다.
· 잘못된 책은 구입하신 곳에서 바꾸어 드립니다.

200여개 질문에 850개 이상 답변 샘플
영문 커버레터, 이력서 만들기 샘플
한국어, 영어, 중국어 기내 방송문 수록

현 외국 항공사
면접관이
알려주는

2
승무원 영어면접
Answer

항공 승무원 지망생의
면접 합격 지침서

최성희 지음

생각나눔

승무원 준비를 하면서 영어면접이 가장 걱정이었습니다. 영어면접이 그리 중요하지 않다고 다들 얘기했지만, 지원 가능한 토익 점수만 겨우 가지고 있었을 뿐 영어는 거의 'Hi. My name is 000. Thank you' 정도만 할 수 있는 수준이었습니다. 최성희 선생님의 답변 샘플을 조금씩 바꾸고 열심히 외워서 볼 수밖에 없었습니다. 너무나 운 좋게도 준비한 질문을 받았고 기분 좋게 답변했습니다. 영어면접은 성실과 비례한다는 선생님의 말씀에 진심으로 동의합니다.^^

– 대한항공 합격자

선생님의 수업을 들을 때면 선생님은 학생의 좋은 점을 봐주시고 그것을 극대화해주려고 하시는 모습을 뵈었습니다. 늘 좋은 영향력과 체계적인 수업으로 실전에 더 강해질 수 있게 도와주셨습니다. 어떤 얘기를 하는지도 중요하지만 어떤 모습으로 얘기하느냐를 항상 강조하셔서 최대한 같은 실력이라도 웃으면서 답변하도록 노력했습니다.

– 아시아나항공 합격자

최성희 부원장 쌤의 영어 인터뷰 강의와 답변 샘플을 통해서 영어 인터뷰의 답변은 이렇게 하는구나 라는 것을 배웠으며, 생각보다 어렵지 않았습니다. 그리고 영어인터뷰뿐만 아니라 영어 인터뷰 시의 매너 자세 또한 교정받을 수 있어서 너무 좋았습니다!!!

– 이스타 항공 합격자

외국에서 몇 년 간 살아서 영어는 좀 하는 편이었지만 질문을 받으면 무슨 말을 해야 하는지 막막했습니다. 하지만 선생님과의 수업을 통해 영어를 잘한다고 면접을 다 잘하는 것이 아니라는 걸 알게 되었고 선생님께서 알려주시는 답변 팁을 잘 듣고 답변 샘플을 참고하여 준비를 하였습니다. 친절히 얘기하는 표현들이 정말 도움이 많이 되어 제 꿈을 이루게 되었습니다. 승무원 지망생 여러분들 모두 파이팅!

– 싱가포르 항공 합격자

영어 인터뷰를 앞두고 많이 답답했습니다. 영어를 못하는 건 아니었지만, 인터뷰를 처음 준비하는 거라 무엇부터 시작해야 할지 몰랐거든요. 조금 더 자연스럽고 고급스러운 영어 표현과 애티튜드를 배울 곳을 찾다 최성희 선생님을 만나게 되었습니다. 선생님과의 수업은 주로 제가 어떤 사람인지, 어떤 생각을 가지고 있는지 제 자신에 대해 먼저 알게 되는 시간이었습니다. 그러고 나서 제가 느끼는 생각과 감정들을 어떻게 영어로 자연스럽게 표현할 수 있는지 도와주셨어요. 다양한 표현의 답변 샘플로 조금 더 효과적으로 답변을 정리하게 될 수 있었습니다. 그로 인해 꾸미고 어색한 모습이 아닌 제 자신을 자연스럽게 보여줄 수 있는 인터뷰를 할 수 있었고 그런 진솔한 면이 외국 항공사 합격의 열쇠가 되었다고 생각합니다.

– 루프탄자 항공 합격자

1년이나 갈피를 못 잡고 헤매고 있을 때 진짜 '내 답변'을 찾는 데 정말 많은 도움이 되었습니다! 인터뷰에서 어떤 말을 해야 할지 선생님과의 답변 정리를 통해 많은 참고가 되었습니다. 포기하고 싶을 때 다시 시작하게 했던 선생님의 응원, 승무원으로 일하면서 평생 잊지 않겠습니다!! 감사합니다!

– 타이항공 합격자

같은 답변이라도 면접질문에 따라 어떤 문장과 분위기를 담아 표현해야 좋을지 답변 샘플을 통해 방향을 정확히 잡을 수 있었습니다. 선생님 긍정기운 많이 받았습니다. 감사합니다. :)

– 케세이 퍼시픽 항공 합격자

모의면접 수업을 최성희 선생님과 함께하면서, 실전처럼 준비할 수 있었습니다. 답변도 중요하지만, 면접 중에 자세나 인지하지 못하고 있었던 나쁜 버릇들을 알려주셔서 후에 실전 면접 때도 더 자신감을 가지고 할 수 있었습니다. ^^

– 필리핀항공 합격자

1. 최성희 선생님은 미소나 자세, 답변만을 가르치는 일관된 수업과 달리 학생들과 교감하시면서 수업을 이끌어가셨습니다.

2. 따뜻한 카리스마로 학생들이 꿈을 포기하지 않게끔 이끌어주시는 힘이 있으십니다. 진심 어린 격려와 때로는 날카로운 피드백은 실전 면접에서도 많이 떨지 않는 데에 많은 도

움이 되었습니다.

3. 선생님과의 수업들은 내가 왜 승무원이 되고 싶은지, 내가 왜 이것을 정말 원하는지 꿈에 대해서 진지하게 생각할 수 있었던 시간. 단순히 승무원 면접 합격만을 위한 목적을 떠나서, 목표에 한 걸음 더 다가갈 수 있도록 최선을 다하는 방법을 알려주셔서 앞으로 살아가는 데에 있어서도 많은 도움이 될 것 같습니다^^

4. 실제 인터뷰 때 도움이 많이 됐던 질문: 일본문화, 일본사람들에 대해서 어떻게 생각하는지? 면접연습 때 많이 했었는데 실제 면접에 나왔습니다!

그때 제 답변- 일본사람들 장점-very polite, calm, patient so they could be a developed country and strong at service mind

일본사람들 단점-감정표현 잘 안 하고 가끔 너무 친절해서 친해지기 어렵다고 느낄 수도 있지만, 매우 큰 장점이 될 수도 있다고 생각하고 일본사람들이 힘든 걸 잘 이겨낼 수 있는 원동력이라고 생각함

– ANA 합격자

수업을 들으며 겉핥기식이 아닌 체계적인 답변 준비를 하는 데 많은 도움이 된 거 같아요! 선생님께서 질문해주시는 기출문제를 통해 연습하다 보니 실제 면접에 가서도, 오히려 면접관에게 질문을 유도하거나 떨지 않고 자신 있게 말할 수 있었어요! 무엇보다 여기서 중요한 건 답변을 할 때 물어보는 질문에 대해 기다렸다는 듯이 바로 답하기보다는…. 예를 들어

상사와 다퉜던 경험 있어? 하는 질문에 응 있어. 아니 없어. 바로 답변하는 식이 아니라 I can say that I'm a really lucky person who met great co-workers and boss. But…. 이런 식으로 좋게 돌려 말하는 답변방법을 배울 수가 있어서 면접 볼 때 더 좋은

인상을 남길 수 있었고, 정말 도움 많이 됐습니다!^^!!

– 중화항공 합격자

열 마디의 장황한 문장이 아닌 한마디의 정확한 핵심 문장을 통한 효과적인 의사전달 답변하는데 답변 샘플과 피드백이 정말 많은 도움이 되었습니다.^^

– 타이거 항공 합격자

면접관의 질문 요지를 파악하고 핵심 포인트을 잡아서 '센스 있게' 답변하는 방법을 알려주셨던 성희쌤 수업 덕분에, 실전에서도 긴장하지 않고 제 자신을 어필할 수 있었어요. 승무원 준비의 바이블♡♡

– ANA 합격자

최성희 선생님의 답변 샘플은 승무원 준비생들 각자가 가지고 있는 가지각색의 경험, 가치관, 배경들이 무색할 만큼 개개인에게 쏙쏙 맞는 다양한 답변들을 가지고 계셔서 나만의 답변을 특색 있게 만드는 데 정말 큰 도움이 되었습니다. 제 삶의 경험들, 나라는 사람의 모습을 콕 짚어 보여주는 답변들은 최성희 선생님께서 승무원을 준비하는 많은 학생들이 꿈을 이룰 수 있도록 얼마나 노력하시는지 알 수 있습니다 :)

– 가루다인도네시아 합격자

선생님과의 답변 준비를 통해 지금은 카타르 항공에서 근무하고 있습니다. 영어를 유창하게 잘하진 못 했지만, 선생님의 답변 준비를 통해 예상 질문에 대한 답변을 만들고 계속 반복해서 연습하다 보니 어느새 영어 실력도 많이 늘게 되었습니다. 최종면접에서 면접관의 액센트를 잘 이해 못 해 되물어 본 적도 있지만, 다행히도 선생님과 연습한 질문들이 많이 나와서 무사히 잘 마칠 수 있었습니다. 함께 준비 한 다른 친구들보단 조금 시간이 걸렸지만, 포기하지 않게 옆에서 용기 주신 선생님께 진심으로 감사드립니다.^^

– 카타르 항공 합격자

선생님과 수업하면서 에피소드 하나하나 준비했습니다. 에미레이트 항공은 최종면접이 약간 까다롭다는 말을 많이 들어서 준비를 단단히 해야겠다고 생각했습니다. 면접관이 'excellent service' 가 뭐라고 생각 하느냐는 질문을 받았을 때는 정말 너무 기분이 좋아서 활짝 웃으며 선생님과 함께 준비하고 답변 만든 서비스의 정의를 말씀드렸더니 너무 좋아하시는 것이었습니다. 그로 인해 순조로운 출발을 한 것 같았습니다. 항상 꼼꼼히 체크해 주시고 날카로운 피드백에 진심으로 감사드립니다. 그땐 공부하는 게 힘들다고 생각했지만, 다시 생각하면 너무 즐거운 추억이었던 것 같습니다. 감사합니다!!

–에미레이트 항공 합격자

Chapters

1권
About me 나의 이야기

2권
About cabin crew 승무원 이야기

Job Interview

면접이란 지원자에 대한 정보나 장점 등을 파악하기 위한 특별한 목적을 가진 공식적인 만남이나 대화이다. 면접관과 지원자 양쪽 모두 면접을 통하여 얻고자 하는 목표가 있다. 그 목표를 달성하기 위해서 허락된 시간 동안의 대화를 통하여 평가하고 판단하게 된다.

항공사에서 승무원을 채용하기 위해 면접하는 과정에서 기본적으로 평가하는 공통된 세 가지 항목은

1. 직무 능력 - 승무원으로서 주어진 임무를 수행할 수 있는 자질이 있는가?
2. 인성 - 승무원으로서 고객에게 친절하게 책임감을 가지고 서비스를 할 줄 알고, 다른 동료와 협동할 줄 알며, 업무가 적성에 맞는가?
3. 열정 - 승무원이라는 직무가 정말 원하는 일이고, 지원하는 회사에 대한 열정이 있는가?

위 세 가지 항목이 모두 충족되었을 때 지원자들이 채용될 가능성은 더욱더 커지는 것이다.

1 영어 면접의 평가 기준

국내 항공사– 영어로 의사소통이 가능한가?

● 국내 항공사에서는 영어면접으로 영어를 알아듣고 답변할 수 있는 정도가 되는가를 평가한다. 하지만 글로벌 항공사에 맞게 영어 실력에 대해서 평가를 높이고 있다. 영어 면접 비중에 더 신경 써야 한다.

외국 항공사

1. 영어로 의사소통이 가능한가?

● 외국 항공사는 승객뿐 아니라 다국적 승무원들과의 근무에서도 영어로서 언어능력이 절대적으로 필요하다. 질문을 통해 영어를 이해하고 답변하는 데 무리가 없는지 영어실력을 평가한다.

2. 영어 면접을 통해 상황에 맞는 적절한 의사소통 능력이 있는가?

● 영어를 잘한다고 해서 상대와 대화를 할 때 항상 친절하거나 예의 바른 것은 아닐 것이다. 영어실력의 평가 외에도 말투, 사용하는 단어, 표현 방법을 통해 승무원 직무에 적합한 태도를 갖추고 있는가를 평가한다.

3. 지원자가 우리 항공사에서 요구하는 자질과 열정을 가지고 있는가?

● 질문과 답변을 통해 영어를 잘하고 적절하게 응대하는가라는 영어실력과 의사소통 능력을 평가할 뿐 아니라, 지원자의 성격이나 승무원으로서의 자질 또는 열정 등을 평가한다. 영어를 잘한다고 다 승무원으로서의 자질을 갖춘 것은 아니다. 면접관들은 다각도의 질문과 많은 종류의 면접 전형을 통해 지원자들을 알아보고 있다.

2 영어 면접의 Check Point

면접 Motto '면접관은 승객이다!'

핵심 포인트(Key Point)

면접관을 승객이라고 생각하여

- 친절하게
- 최선을 다해서
- 긍정적으로

답변한다는 것을 잊지 않는다.

면접관이 지원자를 평가하게 되는 일반적인 순서

1. EYE 눈으로 보여지는 것
   → 첫인상, 미소, 복장, 화장, 머리, 자세

2. EAR 귀로 들려지는 것
   → 목소리

3. HEART 마음으로 전달되는 것
   → 태도, 답변 내용

첫인상(First Impression)

● 단정한 외모

지원하는 항공사에서 좋아할 만한 이미지로 연출 하는 것도 효과적일 수 있다. 단, 본인에게 어울리는 것이 가장 중요하다. 각 항공사의 홈페이지를 방문하여 유니폼 입은 승무원들의 화장과 머리를 참고 하는 것도 도움이 될 수 있다.

| 여자 |

● 복장

항공사에 지원 시 복장에 관한 규정이 주어진다면 반드시 숙지하고 따르도록 한다. 일반적으로 항공사 승무원 면접에 맞는 복장은 치마 정장을 권한다. 신발은 앞이나 뒤가 트이지 않은 정장 구두를 신으며 깨끗이 닦도록 한다. 높이는 지원자의 신장에 따라 보기 좋도록 5㎝부터 10cm까지 가능하다.

현재 국내 항공사(대한항공, 아시아나 항공) 면접 시에는
다수의 지원자들이 흰 블라우스와 검정 스커트를 입고 참여하고 있다.

외국 항공사의 경우는 색상이나 디자인에 제한은 없다. 본인에게 가장 잘 어울리는 색과 디자인의 정장을 입어본다. 단 가끔 항공사에서 직접 드레스 코드를 공지할 때가 있다. 이때는 반드시 숙지하고 따르도록 한다.

● 화장

국내 항공사의 경우는 너무 진하지 않은 화장을 선호하고 있다. 특히, 대한항공의 경우 최종면접에서 대한항공 유니폼을 입고 면접에 임하니 유니폼(청자색이나 백자색)에 맞는 화장을 하도록 권장한다.

외국 항공사의 경우 대부분 외항사의 경우 입술이나 볼 화장으로 생동감을 주는 것을 선호하는 편이다. 단, 지원하는 항공사의 승무원들과 비슷한 이미지를 연출 하되 가장 중요한 것은 나와 잘 어울리는 스타일을 찾는 것이다. 특히, 아랍 에미리트 항공이나 카타르 항공의 경우는 본인에게 어울린다면 스모키 화장도 무난하다. 그리고 싱가포르 항공사의 경우 최종면접할 때 지원자들에게 싱가포르 항공 유니폼을 입히도록 한다. 그러니 미리 화장을 유니폼에 어울릴 수 있도록 하고 가는 것이 효과적이며, 유니폼 신발인 샌들까지 신어야 하기 때문에 발톱에 매니큐어를 바르는 것도 센스 있는 준비일 것이다.

- 머리

승무원의 이미지에 가장 적합한 올백 머리나 보브컷 정도로 권장한다. 머리스타일 또한 지원하는 항공사에서 특별한 규정이 있다면 반드시 따르도록 한다.

| 남자 |

- 복장

타이, 와이셔츠, 바지, 재킷으로 구성된 정장을 권장한다. 색상은 보통 짙은 회색, 남색, 검은색이 무난할 듯하다. 타이는 계절이나 양복색, 그리고 본인 얼굴 톤에 고려하여 가장 알맞은 색과 무늬로 준비해본다. 신발은 깨끗이 닦은 짙은 색상의 정장 구두를 권한다.

- 화장

얼굴을 화사하게 보일 수 있도록 비비크림 바르는 정도가 무난하다. 눈썹 화장이나 피부 화장도 가능하나, 티 많이 나지 않고 자연스럽게 화장한다.

- 머리

앞머리가 내려오지 않도록 옆이나 뒤로 넘기고 깔끔하게 무스나 스프레이로 마무리해준다. 그리고 턱수염이나 구레나룻 수염은 반드시 면도한다.

● 간단하면서 기분 좋은 인사와 매너

작은 매너로 상대방을 평가할 수 있으니 항상 먼저 인사 할 수 있도록 평소에 습관을 만드는 것이 중요하다.

● 밝고 생기가 넘치는 호의적인 인상 미소 유지)

때로는 영어보다 더 중요한 자질이 될 수도 있다. 웃는 사람이 더 친절해 보이고 적극적으로 보이는 것은 당연하다.

자세(Posture)

● 서기

면접관 앞에 정해진 위치에 허리를 곧게 펴고, 여자는 오른손을 왼손 위로 포개어 편안하게 아랫배 위에 올려놓는다. 남자 지원자의 경우 양손을 달걀을 쥔 듯한 모양으로 가지런히 양쪽 바지 봉제선 위로 차렷 자세를 한다.

● 앉기

의자에서 등을 살짝 때고 허리를 곧게 펴고 다리는 붙여서 한쪽이나 중앙으로 가지런히 하고, 양손은 오른손을 왼손 위로 포개어 편안하게 스커트 선 위에 올려놓는다. 남자의 경우엔 다리를 어깨 넓이 보다 약간 좁게 벌리고, 허리는 곧게 펴고, 양손은 각각의 무릎 위에 살짝 올려놓는다.

● 제스처

습관적이거나 불필요한 제스처는 삼가고 바른 자세로 이야기한다. 단, 제스처를 사용함으로써 면접관을 이해시키는 데 큰 효과가 있는 것은 오히려 더 센스 있게 보일 수 있다. 예) 사이즈, 길이, 높이, 모양 설명, 누군가를 가리킬 때는 두 손으로, 비빔밥 먹는 방법 설명 중 비비는 모습, 쌈밥 먹는 방법 설명 중 한 손에 쌈을 올리고 쌈을 싸는 모습 등은 더 효과적일 수 있다.

태도(Attitude)

- 승무직에 대해 잘할 수 있는 일이고, 하고 싶은 일이라는 열정을 보이며, 자신감을 갖고 면접에 임한다.
- 겸손하고 공손한 태도를 보이며, 진지하고 성실한 태도로 답변에 임한다.
- 어려운 질문을 받더라도 피하지 않고 최선을 다하여 답변하는 책임감 있는 모습을 보여준다.

자신감(Self-Confidence)

- 미소 ➡ 누구나 편안하게 다가갈 수 있는 미소는 최고의 장점이 될 수 있다.
- Eye Contact ➡ 질문한 면접관을 주로 보며 답변하고 다른 면접관들에게도 잊지 않고 가끔씩 시선을 준다. 하지만 너무 눈동자를 왔다 갔다 하며 모든 면접관에게 시선을 다 주는 것은 불안해 보일 수 있고 면접관들도 불편하게 할 수 있으니 주의 하도록 한다.
- 목소리 ➡ 면접관들이 특별히 귀를 기울이고 듣지 않아도 편안하게 들을 수 있도록 큰소리로, 그리고 친절한 톤으로 말한다. 약간 높게 이야기하면 더 적극적이고 친절하게 들릴 수 있다. 작은 목소리는 종종 자신감과 열정이 부족하게 느껴지게 한다.

이해력(Understanding)

- 면접관의 질문을 미리 짐작하지 말고 끝까지 귀를 기울이며 눈을 맞추고 경청한다.
- 면접관의 질문을 정확하게 이해하고 너무 길지도, 너무 짧지도 않게 질문에 적절하게 답변한다.

➡ 면접관의 질문을 끝까지 잘 듣고 면접관이 궁금해하는 것을 풀어준다.

예를 들어, 면접관이 "당신은 몇 시에 도착했고, 오는데 어떻게 왔습니까?"라고 질문한다면 당연히 두 가지를 다 답변해 줘야 한다.

A: "네, 지하철 타고 30분 정도 걸려서 왔어요."

B: "네, 8시 반쯤 도착했고, 잠실에서 지하철 타고 왔어요. 30분 정도 걸렸어요."

면접관으로서 만족스러운 답변은 A와 B 중 당연히 B이다. 면접관이 궁금해한 두 가지(몇 시에 도착했는지와 무엇을 타고 왔는지)가 다 충족되었기 때문이다. 자! 내가 할 수 있는 말만 하려고 하지 말고 면접관이 무엇을 알고 싶어 하는지 질문에 반드시 집중하여 답변하도록 한다.

이러한 커뮤니케이션의 문제는 면접관이나 직장에서만의 문제가 아니라 친구들이나 가족들과의 대화에서도 나타난다. 분명히 내가 친구에게 문자로 "우리 몇 시에 어디에서 만날까?"라고 물어봤다면 "5시에 신사역 3번 출구 앞에서 만나자."라고 해야 훌륭한 커뮤니케이션이다. "응, 5시에 만날까?" 또는 "신사역에서 보자."라고만 답하는 것은 질문한 사람이 알고 싶어하는 두 가지가 다 충족되지 않았다. 그래서 또 질문을 해야 하는 경우가 있는데, 가끔은 피곤하게 느낄 수 있다.

다시 한 번 더 간단하게 예를 들어보자. 면접관이 "취미와 특기를 얘기해보세요."라고 한다면 취미를 이야기해준 다음 특기를 얘기해야 한다는 것이다. 면접관이 생년월일과 고향을 얘기하라고 한다면 생년월일을 얘기하고 고향을 얘기해주어야 한다. 간단하다. 필자가 면접을 볼 때 가끔씩 전공에 대한 설명과 선택 이유를 말해 달라고 하면 열 명 중 다섯 명은 전공소개만 하고 끝낸다. 썩 흡족하지 않다. 그리고 또다시 물어보지 않는 경우도 많다. 그것 하나 때문에 떨어뜨리진 않겠지만, 두 가지 다 이야기해준다면 훨씬 더 똑똑해 보이고 야무져 보이는 건 사실이다.

● 질문을 알아듣지 못했을 때는 미소를 지으면서 다시 한 번 정중히 질문을 부탁한다.

→ 국내 항공사의 영어 면접 시 면접관들(미국, 교포, 한국사람)의 악센트를 이해하는 데는 그리 어려울 것 같지는 않다. 물론, 모르는 단어 때문에 또는 긴장해서 질문을 이해를 못할 수도 있다. 특히, 현재 한국 승무원을 채용하고 있는 외국 항공사의 경우 우리 귀에 가장 익숙한 미국 악센트를 들을 기회는 거의 없다. 카타르 항공사, 에미레이트 항공사의 면접관들은 아주 다양한 국적을 가지고 있고, 제2외국어로 영어를 하는 분들이기 때문에 우

리에게 절대 익숙하지 않은 악센트들이다. 또한, 캐세이퍼시픽 항공사의 경우는 홍콩, 싱가포르, 말레이시아, 필리핀 등 아시아권 국가에서 온 면접관들이고, 싱가포르 항공사의 경우도 현지에서 온, 대부분 싱가포르 국적의 면접관들로 구성되어 있다. 질문을 못 알아듣는 것은 전혀 문제가 되지 않는다. 우리는 비행하면서도 승객의 이야기를 못 알아들을 수도 있으니 괜찮다. 하지만 정중하게 다시 한 번 물어보아야 한다. 이때 인상을 쓰거나 무례하게 들릴 수 있는 말은 사용하지 않는다.

1) 잘못 알아들었을 때

I beg your pardon, sir/ma'am?

I'm sorry, but could you repeat that please?

2) 특정한 단어의 의미를 묻고 싶을 때

I'm sorry. Can I ask the meaning of the word "○○"?

I'm afraid I don't understand what "○○" means. Could you explain the meaning?

3) 질문속도가 너무 빠를 때

I am Sorry but, would you speak more slowly, please?

I am afraid I couldn't quite catch you. Would you mind speaking more slowly?

I'm Sorry. I cannot follow you. Would you mind saying that again more slowly?

4) 질문은 이해했는데 답변이 생각 안 나서 시간이 필요할 때- 과거에 대한 질문이나 정의나 의견을 묻는 말에 잠깐 생각하고 답변하여도 더 신중해 보이고 자연스럽게 보일 수 있다. 단, 질문은 알아들었다는 표시로 아래와 같이 "well, let me see."와 같이 이야기한 후 몇 초간 생각하는 것은 자연스러울 수 있다. 하지만 알아들었는데도 생각하느라고 아무 말도 안 하고 있다면 면접관은 지원자가 질문을 알아들었는지 못 알아들었는지 알 수가 없다.

예) Q: What was the most difficult moment in your life?

Q: What does success mean to you?

A: Well, let me see/think.

A: Could I have a moment to think about it, please?

- 질문을 잘 못 알아들었을 때 위에서 얘기한 것 말고 예를 들어, 'What?'; What did you say?'; 'Sorry?(웃지 않고 강하게 했을 때 완전 밉상임)' 또는 'Come again?' 이런 식은 무례하게 보인다. 승무원은 승객에게 이렇게 이야기하지 않는다.

5) 질문 끝나자마자 바로 적극적으로 힘차게 답변해야 효과적인 질문- 자질이나 의지, 의욕에 관련된 질문

Q: This job is very demanding physically and mentally. Are you in good health?

A: **Yes,** I am in good health….

* 주의할 점: 건강하냐고 묻는 말에 바로 답하지 않고 well, let me see…. 이렇게 나온다면 면접관이 생각할 때 건강하지 않다고 생각할 수 있다. 아래 두 질문도 마찬가지이다.

Q: This job requires a lot of team work. Are you a good team player?

A: **Yes, I am.** I am very much a team player….

Q: If you are hired, you have to live in Doha. Are you willing to relocate to Doha?

A: **Yes, of course.** In fact I am very excited about living in Doha….

효과적인 답변(Effective Answers)

● 정확한 발음과 올바른 영어 표현을 구사한다. 또한, 줄임말을 많이 사용하지 않는다. 줄임말 사용 시 너무 케주얼 하게(가볍게, 격식 없이) 들릴 수 있다.

예) I'm gonna…. 대신에 I will 또는 I'm going to로 사용한다. I wanna…. 대신에 I would like to…. 또는 I'd like to….로 표현한다.

● Yes, No의 답변을 정확하게 한다(yep, yeah, nope 등을 사용하지 않는다.)

● 질문을 받았을 때 알겠다는 표현으론 'OK'보다 'Sure 또는 Certainly 또는 Yes'로 답변한다.

예) 면접관: Could you introduce yourself?

지원자: Certainly, ma'am.

● 단답형보다는 결론 먼저 애기하고 부연설명을 덧붙여 면접관의 질문에 충분한 정보를 제공한다.

예) "What is your hobby?"라는 질문에 결론 먼저 "My hobby is A…." 또는 "I love to do A…." 그리고 부연설명.

"What is your strength?"라는 질문에 결론 먼저 "I believe my strength is B…." 그리고 부연설명.

● 이력서나 지원서에 작성한 내용과 일치하여 답변한다. 지원한 이력서나 자기소개서는 반드시 인쇄하여 이력서 바탕의 질문들을 준비한다.

답변 내용 공개(Disclosure)

● 많은 학생들이 질문을 한다, 질문당 몇 초 정도 답변하는 것이 적당하냐고. 질문에 따라 답변 길이도 다르다. 예를 들어, 면접관이 "How are you?"라고 질문한다면 "I am very good. It's great to meet you. Thank you and how are you sir?"라고 간단명료하게, 프로페셔널 하게 답변하면 충분하다. 또 면접관이 "How did you get here today?"라는 질문에는 "I took a subway from Jamsil and it took abut 30 minutes."라고 하면 충

분하다.

하지만 "Why should I hire you(내가 왜 당신을 뽑아야 하는가)?"라는 질문은 간단하게 답변할 수 없다. 이런 질문에는 나의 장점과 승무원에 맞는 자질을 더 적극적으로 알려주고 면접관을 설득해야 한다. 이런 답변은 10초로 절대 충분하지 않다.

- 면접관의 질문 의도를 파악하고 적당한 길이로 알고 싶어 하는 정보를 전달한다. 이야기할 때의 속도도 매우 중요하다. 너무 빠르지도 느리지도 않도록 편안한 속도로 한다.

- 흥미로운(interesting) 답변, 개성 있는(individual) 자신만의 이야기를 정리한다.

  → 흥미로운 답변이 무엇인지 보자.

지원자 중엔 이력서 자체가 흥미로운 경우도 많이 있다. 예를 들어 전직 승무원, 군인, 운동선수, 간호사 또는 특이한 직업을 가진 사람들…. 이런 경우는 질문들이 전직이나 현직의 내용으로 진행될 가능성이 많다. 전에 한 동남아시아 메이저 항공사 면접을 보는데 군인 출신의 남자 지원자가 있었다. 다른 질문보다는 이 지원자의 전직인 군인에 대해 궁금한 것이 생기기 마련이다. 왜 군인 그만두고 승무원이 되려고 하는지, 남자들하고만 지냈는데 여자들과 일 야 하는 데 문제없는지, 직업 군인을 하면서 배운 것은 무엇인지 등등.

또 한 지원자는 현직 간호사이었다. 잘나가는 대학병원 간호사이고, 경력도 좀 있고, 아주 안정된 직장이라 생각되는 경우였다. 이 지원자가 파이널 면접에서 주로 받은 질문은 왜 간호사같이 훌륭한 직업을 그만두고 승무원을 지원했는지, 부모님은 뭐라고 하는지, 간호사 하면서 힘든 것은 무엇이었는지 등등 많은 질문을 받았다. 이렇게 무엇인가 흥미로운 이력이 있으면 반드시 예상 질문을 만들어서 답변을 정리해보도록 한다.

→ 개성 있는, 나만의 답변은 무엇인지 보자.

나만의 답변이란 지원자 500명이 하는 똑같은 이야기가 아니라 나만이 할 수 있는 이야기가 필요하다. 물론, 그렇다고 소설처럼 감동적인 이야기를 만들라는 이야기가 아니라 비슷한 내용을 하더라도 조금만 더 내 이야기를 하자는 것이다.

예를 들어, 등산이 취미인 두 지원자가 있다.

1번 지원자: 저는 취미가 등산입니다. 등산은 건강에 좋고 등산 후 아주 상쾌해서 기분이 좋아집니다. 저는 적어도 한 달에 한 번은 꼭 산에 가려고 노력합니다.

2번 지원자: 저의 취미는 등산입니다. 등산은 건강에 좋고 등산 후 아주 상쾌해서 기분이 좋아집니다. 지난주에 부모님과 집 근처에 있는 북한산을 다녀왔는데, 날씨도 아주 좋고 나무들도 색깔이 매우 예뻤습니다. 이맘때 한국은 산에 가기 완벽한 날씨입니다.

1, 2번 지원자 둘 다 등산에 대해 잘 이야기했지만, 2번 지원자의 답변이 더욱더 친근하게 느껴질 수 있다.

전에 그룹 면접에서 공통 질문으로 '만약 우리가 아버지를 선택할 수 있다면 유명 인사도 좋고, 누구라도 선택할 수 있다면 누구를 선택하겠는가?'라는 주제를 주었다. 많은 지원자들이 유명 인사에 대해 이야기했고, 두 명은 자기 아버지를 선택하겠다고 했다. 그 중 한 지원자는 그냥 누가 들어도 무난한 이야기, 아버지께서 나를 위해 얼마나 희생했는지 알고 감사하기 때문이라고 했다. 물론, 따뜻한 이야기라고 느끼지만, 일반적이라고 여겨졌다.

다른 한 지원자는 어렸을 때부터 어머니가 매우 아파서 아버지께서 식사나 도시락 챙겨 주면서 항상 어머니의 역할까지 해오셨고 너무너무 존경한다고 이야기하는데 가슴이 뭉클해지는 것을 느꼈다. 이러한 두 번째 지원자처럼 무엇인가 나만의 이야기를 했을 때 면접관과 클릭 될 가능성이 더 많다. 물론, 면접 때 슬픈 이야기를 하라는 것이 아니라 인간적이고 따뜻한 면을 보여 줄 수 있을 때 그런 면도 면접관에겐 감동을 주어서 지원자를 좋아할 수 있게 될 수 있다.

● 너무 빨리 너무 많은 정보의 답변/지나치게 사적인 답변/지나치게 상세한 답변

➞ 면접관들을 당황하게 할 수 있다.

처음 만난 면접관에게, 그리고 사적인 자리가 아니라 공적인 자리라는 것을 명심하여 너

무 지나친 사적인 이야기까지 상세히 나열할 필요는 없다.

- 너무 느리게 너무 적은 정보의 답변

→ 성의나 열정이 없어 보이고 친절하지 않게 보일 수 있다.

예를 들어, " What is your hobby?"라고 질문했는데, 몇 초 후 마지못해 단답형으로 "Swimming."이라고 답변한다. 그래서 면접관이 한 번 더 질문한다. "Are you a good swimmer(수영 잘 하나요)?" 그랬더니 또 몇 초 후 "Yes, I am good." 이런 식으로 답변한다면 이 지원자는 영어실력 이전에 불친절한 대화 태도 때문에 좋은 점수를 받지 못할 것이다. 영어가 잘되지 않더라도 끝까지 웃으면서 최선을 다해서 답변하는 태도가 더 중요할 때가 있다.

답변 준비(Preparation)

- 이 교재에서 다루는 질문 중 본인에게 해당하는 각 문제의 답변을 준비하고, 거울을 보고 미소 지으며 큰 소리로 읽고 반복하여 정리하며, 그 답변의 내용에 대한 예상 질문을 더 만들어 연습한다.
- 본인의 이력서를 작성하여 면접관이 질문할 만한 예상 질문을 만들어서 답변을 준비한다.
- 시간이나 시점에 대한 예상 질문에 대해 미리 답변 준비하도록 한다.

1. 면접 시간에 따라 예상할 수 있는 질문

1) 이른 아침일 경우

Q: 아침에 몇 시에 일어나서 나왔나요?,

Q: 아침 식사하고 왔나요?

2) 점심 식사 전이면:

Q: 면접 마친 후 점심 뭐 먹을 건가요?

Q:오늘 같은 날씨에 면접관에게 추천해 줄 만한 점심 메뉴는 뭔가요?

Q: 이 근처 잘 아세요? 맛있는 집 어디인가요?

3) 점심 식사 후일 경우:

Q: 점심 식사했나요? 뭐 먹었나요?

4) 오후 마지막 조인 경우:

Q: 면접 마친 후 계획이 있나요?

2. 면접 요일에 따라 예상할 수 있는 질문

1) 월요일

Q: 주말에 뭐 하고 지냈나요?

2) 금요일, 토요일

Q: 주말에 특별한 계획 있나요?

3. 명절이나 공휴일 전후의 면접

1) 신정, 구정, 추석

Q: 명절을 어떻게 보낼 예정인가요?/ 보냈나요?

Q: (신정, 구정) 새해 결심이 뭔가요?

Q: 외국인들에게 영어로 이 명절을 소개한다면?

2) 공휴일(삼일절, 어린이날, 어버이날, 제헌절 등등)

Q: 어떻게 보낼 예정인가요?/ 보냈나요?

Q: 오늘은 ○○○인데 어떤 날인지 알고 있나요?

Q: 영어로 이날을 소개해 보시겠어요?

3 영어 면접의 형태

Picture Description 사진묘사

- 사진을 보고 보이는 대로 묘사, 설명하는 테스트

TIP

캐세이퍼시픽 항공 1차에서 진행했던 적이 있다. 영어의 수준을 평가하며, 실제 사진에 있는 모습을 있는 그대로 표현해 주는 것이 중요하다. 우선 사진에 보이는 것을 주된 사람이나 사물부터 묘사하도록 하고, 동작이나 행동을 이야기할 때는 현재시제나 현재 진행형 시제를 사용한다. 마지막에 본인의 느낌을 얘기해도 된다면 간단히 정리하여 말한다.

Article Summarization 기사요점 정리

- 주어진 신문이나 잡지 기사를 읽고 영어로 다시 요약하여 이야기하는 테스트

TIP

기사 요점정리는 영어의 수준을 평가하는 목적이 있으며, 많은 외국 항공사에서 진행하고 있다. 싱가포르 항공, 에미레이트 항공, 카타르 항공, 스쿳 등이 있다. 정확한 발음으로 읽고, 읽는 동안 핵심 포인트를 파악한 뒤 요약하도록 한다. 읽을 때의 모습과 자세도 중요하니 종이로 입을 가리지 않도록 주의하면서 함께 있는 모든 사람에게 들릴 수 있도록 한다. 약간의 미소를 지으며 읽는 연습을 해보자.

Group Interview 그룹 면접

- 보통 1차, 2차 진행 시 많이 이루어지고 있고 그룹으로(4~10명) 들어가 서서 하거나 앉아서 진행된다. 간단한 질문(1~3개)이 주어지며, 답변으로 평가하는 면접이며, 대부분의 경우 공통질문이나 이력서 위주의 내용으로 진행된다.

TIP

짧은 시간 동안 이루어지는 만큼 첫인상이 굉장히 중요하다고 할 수 있다. 밝게 웃으면서 영어를 할 수 있다는 인식을 주어야 한다. 주어진 질문에 최선을 다하여 친절하게 답변한다. 최근 몇 년간 싱가포르 항공사의 경우 1차 면접에서 10명이 들어가 간단하게 1~2개 질문을 받았다.

Group Discussion 집단토론 면접

- 주어진 주제와 제한 시간 동안 4명~20명(상황과 항공사에 따라 참가 수 바뀜)이 서로 생각을 교류하며 토론을 통해 의견을 종합하여 결론을 도출하는 형식. 또는, 어떠한 주제에 대하여 서로 다른 의견을 주고받는 논쟁 형식.

TIP

팀으로서 잘 어울리고 화합할 수 있다는 인상을 주는 것이 중요하다. 현재 토론 면접을 진행해 오고 있는 항공사는 캐세이퍼시픽, 싱가포르 항공, 에미레이트 항공, 카타르 항공, ANA, 스쿳 항공 등이다. 많은 항공사에서 진행하고 있는 면접 전형이다. 다른 지원자들이 이야기할 때 호의적인 표정으로 경청하며, 고개를 끄덕이거나 하는 적극적이고 긍정적인 태도로 토론에 임한다. 또한, 중간마다 초반, 중반, 마지막 부분에 발언하도록 최선을 다한다.

One-on-One Interview 일대일 면접

- 지원자에 대해 자세히 알 수 있는 가장 효율적인 방법의 면접 형태이다. 대부분 외국 항공사에서 진행하고 있는데 꼭 Final에서만 진행되는 것은 아니다. 1차나 2차 면접에도 진행되는 면접 방식이다. 지원자 한 명에 면접관은 한 명에서 3명 정도가 대부분이다. 하지만 어떤 경우는 면접관 7명도 참여했었던 적도 있었다. 대부분의 경우 이력서 위주의 내용으로 진행되며 간단한 질문부터 어려운 질문까지 주어진다. 항공사마다 다르고 상황에 따라 다르지만, Final 면접의 경우 짧게는 10분에서, 길게는 한 시간 정도의 시간이 소요된다.

TIP

밝게 웃으면서 주어진 질문에 최선을 다하여 친절하게 답변한다. 보통 이력서를 바탕으로 진행되니 충분히 사전에 예상 질문에 대한 답변을 준비하여 연습할 수 있다. 자신감 있는 태도와 확실한 답변이 중요하다. 본인의 이력서 위주로 예상 질문을 만들어서 효과적인 답변을 준비해 본다.

승무원 영어면접 Answer

Chapter 11

Job

직업

Chapter. 11

11 Job

직업

Questions

130. What do you think about a job? /What does a job mean to you?

직업이란 본인에게 어떤 의미가 있나요?

131. What do you look for in a job? /What are the priorities when you choose a job?

직업을 구할 때 가장 중요시 하는 것이 무엇인가요?

132. What is a major goal you have recently set for yourself?

최근에 세운 가장 큰 목표는 무엇인가요?

133. How do you define success? /What is your definition of success?

성공이란 본인에게 어떤 의미 인가요?

134. What do you hope to be professionally in five/10 years?

5/10년 후에 직업적으로 어떤 모습이길 희망 하나요?

135. What are your long-term goals?

장기적인 목표가 무엇인가요?

130. What do you think about a job? What does a job mean to you?

직업이란 본인에게 어떤 의미가 있나요?

TIP

직업관이나 지원하는 업무 분야에 대한 포괄적인 개념에 대한 질문이다. 본인이 원하는 것이 무엇인지 자신 있고 확실하게 의사 표현해야 한다. 단, 자신감과 교만은 절대 다르다는 것을 명심해야 한다. 너무나 현실적으로 돈 이야기나 근무 조건을 이야기하기보다는 약간 건설적으로 자아성취나 자아발전 정도의 답변을 해주는 것이 더 효과적이다.

A1 I think job gives us personal satisfaction. And it is a very important thing in our lives because it gives us a sense of security and accomplishment in meeting our goals in life.

저는 직업이 개인적인 만족감을 준다고 생각합니다. 그리고 인생에서 자신의 목표를 달성하는 데 있어 안정감과 성취감을 주기 때문에 우리의 생활에서 직업은 정말로 중요한 것이라고 생각합니다.

A2 Well, a job is a very important way of developing as a person by interacting with many people and learning new things in our daily working lives. I think a job isn't just a way to make a living. It's more like making a life.

직업은 일상생활에서 일하면서 많은 사람들과 교류하고 새로운 것들을 배우면서 개인적으로 발전하는 매우 중요한 방법이라고 생각합니다. 저는 직업이 단지 생계를 위한 방법이라고 생각하지 않습니다. 직업은 오히려 삶을 만들어 가는 과정이라고 생각합니다.

You

131. What do you look for in a job? What are the priorities when you choose a job?

직업을 구할 때 가장 중요시 하는 것이 무엇인가요?

TIP

위에 질문의 tip에서 언급했듯이 현실적인 조건을 강조하기보다는 직업과 나의 관계, 성취감, 자아실현의 기회 등을 이야기하는 것이 더 진지해 보일 수 있다.

A1 I am looking for a position where I can make a meaningful contribution and grow professionally. I always wanted to have a career that I can utilize what I have learned and experienced in the past. Also, my aptitude for the job is the most important thing because I can enjoy the work which best suits my personality.

의미 있는 기여를 할 수 있고 직업적으로 발전할 수 있는 일을 찾고 있습니다. 저는 과거에 제가 배우고 경험한 것을 활용할 수 있는 직업을 갖기를 항상 원했습니다. 또한, 저의 성격에 가장 잘 맞아서 진정 그 일을 즐길 수 있기 때문에 적성에 잘 맞는 것이 무엇보다 중요하다고 생각합니다.

A2 I look for job opportunities that give me satisfaction and something that is worthwhile and enjoyable to do. I know that work is not necessarily entertaining but if I enjoy what I am doing, I would be much happier.

제게 만족감을 줄 수 있는 직업을 찾고 있고 가치 있고 즐길 수 있는 일을 하고 싶습니다. 일하는 것이 꼭 재미있어야 하는 것은 아니지만, 즐길 수 있는 일을 한다면 훨씬 더 행복해질 수 있다는 것을 잘 알고 있습니다.

You

132. What is a major goal you have recently set for yourself?

최근에 세운 가장 큰 목표는 무엇인가요?

TIP

승무원이 된다는 계획은 누구나 마찬가지니 먼저 언급하면 식상해 보일 수 있다. 본인의 현재 상황에 맞추어서 계획을 이야기해줘도 좋다.

A1 I am still a student and this is my last semester. I want to complete my education with good grades and find the right job for me. These are my goals that I set recently. I applied for this position in your organization to help accomplish my long term career in my life.

저는 아직 학생이고 이번이 마지막 학기입니다. 좋은 성적으로 졸업하기를 희망하고 저에게 맞는 직업을 찾고 싶습니다. 이것이 제가 최근에 세운 목표입니다. 장기적인 직업을 성취하기 위해 귀사의 이 직책에 지원하게 되었습니다.

A2 In fact, I just registered for Mandarin course a month ago. Learning third language always has been my goal and I thought I will gain a better advantage by learning Mandarin. So far, it's a lot of fun and my teachers said that I am a quick learner. I am glad that I started this course.

사실 한 달 전에 중국어 학원에 등록했습니다. 제3의 언어를 배우는 것이 항상 목표였고, 중국어를 배우면 더 많은 이득이 있을 거라 생각했습니다. 지금까지는 너무 재미있고 선생님께서 저에게 빨리 배운다고 칭찬해 주셨습니다. 중국어 수업을 시작하길 잘했다고 생각합니다.

You

133. How do you define success? What is your definition of success?

성공이란 본인에게 어떤 의미인가요?

TIP

사적인 성공보다는 직업적인 성공을 의미하며, 자신만이 가지는 성공의 의미에 대해 답변해주는 사람이 직업이나 인생을 보는 시각이 더 적극적이고 진지하게 보일 수 있으니 나만의 정의를 생각해보자.

A1 I think it is a true success when it looks good to the people and feels good to myself. I think it would be much more meaningful when there is someone to share a success with.

저는 진정한 성공이란 다른 사람들도 좋아해 주고 내 자신 스스로에게도 기분 좋게 느껴지는 것이라고 생각 합니다. 성공을 함께 나눌 수 있는 누군가가 있을 때 훨씬 더 의미 있는 것이라고 생각합니다.

A2 Success to me means satisfaction for whatever I do. A positive result from work or study gives me the satisfaction and happiness.

저에게 성공은 제가 무엇을 하든지 간에 만족감을 주는 것을 의미합니다. 일이나 공부에서 긍정적인 결과는 저에게 만족감과 행복을 줍니다.

A3 Success to me is fulfilling my goal or dream. Even when a small plan or a goal is turned out the way I thought it would, I can call it 'success'

저에게 성공이란 저의 목표와 꿈을 성취하는 것입니다. 작은 계획이나 목표라도 제가 생각 한 대로 잘 된다면, 저는 그것을 성공이라고 부릅니다.

A4 I define success as being able to financially provide for my family while performing work that is tied to the success of the company that I work for.

저는 제가 일하는 회사의 성공과 연관되어 일을 수행하는 동안 가족을 위해 재정적인 도움을 줄 수 있는 것을 성공이라 정의 짓고 싶습니다.

A5 I'd like to define success as an accomplishment of something that I have been trying to do. I believe that 'success attends on hard work.' I sincerely hope that my efforts will lead me to the successful result to this position.

제가 성취하기 위해 노력했던 어떤 것이 이루어지는 것을 성공이라고 정의 내리고 싶습니다. 성공에는 근면이 따른다는 말을 믿습니다. 저의 노력이 이 직책에서 성공할 수 있게 이끌어주리라는 것을 진심으로 희망합니다.

A6 I have read about success on the internet. "Success is a journey and not a destination, it's the direction in which you are travelling." and I agree on this. For me, I try to cherish the moment and process when I work on something. I believe it is the perfect satisfaction.

인터넷에서 성공에 대한 글을 읽었습니다. "성공은 여행하는 과정이지 목적지가 아니다." 이 말에 동감합니다. 저는 무언가를 할 때 순간과 과정도 소중히 여기도록 노력합니다. 이는 제게 완전한 만족감을 줍니다.

You

134. What do you hope to be professionally in 5/10 years?

5/10년 후에 직업적으로 어떤 모습이길 희망하나요?

TIP

지원자의 목표나 비전에 대해 알 수 있는 질문이다. 다음 예시 답변들과 같이 지속적으로 이 회사에서 근무하며 중요한 직책이 될 수 있도록 '노력하겠다'라는 포부로 답변을 준비해보자. 다음 예문들의 답변 내용은 거의 다 비슷하다. 하지만 다양한 표현을 잘 활용하여 본인의 답변을 준비해본다.

* 주의할 점 '회사를 잘 몰라서 모르겠다', '생각해본 적 없다'는 답변, 이직하거나 개인 사업을 하고 싶다고 하는 답변들은 면접관이 듣고 싶은 답변이 아니다.

A1 As a beginner at your airline, I wish to learn as much as possible and develop myself to become a part of your company's success along with my personal growth.

귀사의 신입사원으로서, 개인적인 발전과 더불어 회사 성공의 일부가 될 수 있도록 저 자신을 발전시키길 희망하며 가능한 많은 것을 배우길 바랍니다.

A2 I hope to continue to be with this organization in a position where I will be able to continue my professional growth while making an ongoing contribution to this airline's continued success.

귀사의 무궁한 성공을 위해 지속적으로 이바지를 하면서 제 직업의 성장을 지속할 수 있는 위치에서 계속 귀사와 함께하기를 희망합니다.

A3 I would see myself continually working as a professional cabin crew in your airline with increased responsibility. By that time, I hope to be promoted to a section leader or an even higher position because of my hard work.

저는 더 많은 책임을 가지고 귀사의 승무원으로 계속 일할 것으로 생각합니다. 그때까지 저는 성실히 일함으로써 팀의 리더나 더 높은 위치로 승진하였기를 희망합니다.

A4 In five years I expect to be working with this airline in a responsible position, that enables me to utilize my talents and work closely with my colleagues. I see myself taking on new and exciting challenges in an enjoyable environment.

5년 후에 저는 귀사에서 책임이 있는 위치 즉, 저의 재능을 발휘할 수 있고 동료와 가깝게 일할 수 있게 만들어주는 그런 위치에서 계속 일하고 있기를 희망합니다. 즐겁게 일할 수 있는 분위기에서 도전을 즐기고 새로운 모험을 하는 저 자신을 발견하고 싶습니다.

You

135. What are your long-term goals?

장기적인 목표가 무엇인가요?

TIP

위의 질문과 마찬가지로 장기적인 계획에 지원하는 회사와 함께하는 미래를 이야기한 후 연결되는 목표나 꿈이 있다면 준비해본다. 사적인 목표가 아니라 직업적인 목표로 답변하도록 한다.

A1 I hope to continue to make ongoing meaningful contributions to this company's success while growing professionally as respected cabin crew. I would like to be a part of your company's better success and I know that I will do my best to make it happen.

저는 존경받는 승무원으로서 직업적으로 성장하면서 회사의 성공에 의미 있는 기여를 계속하기를 희망합니다. 귀사의 더 큰 성공에 기여하는 일원이 되고 싶습니다. 그리고 그것을 이루기 위해 최선을 다할 것입니다.

A2 If possible, with my degrees in psychology and work experience in HR department at my previous job, I hope I can have a chance to expand my career opportunity in the recruiting department in your company. That will be very exciting to me.

그리고 만약에 가능하다면, 심리학 학위와 전에 직장에서의 인사팀에서 일한 경험으로 저는 귀사의 채용부서에서 일할 수 있는 기회를 가지기를 희망합니다. 이는 제게 매우 흥미로울 것입니다.

You

Chapter 12

Good Service

좋은 서비스

12 Good Service

Chapter. 12

좋은 서비스

Questions

136. What do you think of good service? /Could you define 'good service'?

좋은 서비스란 무엇인가요?

137. Give an example of a situation when you went the extra mile to please a customer.

고객을 위해 더 많이 애써서 제공한 좋은 서비스의 예를 들어 보세요.

138. What kind service would you offer to your passengers if you work as a flight attendant?

승무원이 되면 승객에게 어떤 서비스를 제공하겠습니까?

136. What do you think of good service? Could you define 'good service'?

좋은 서비스란 무엇인가요?

TIP

서비스 분야의 경험이 있든 없는 서비스에 대한 개념이 있다는 것을 면접관에게 어필해야 한다. 우리는 서비스 분야에서 한 번도 근무한 적이 없다 하더라도 좋은 서비스가 무엇인지는 반드시 인지하고 있어야 한다. 만약 경험이 있다면 더더욱 알고 있어야 한다. 여러 가지 단어나 문장으로 면접관이 질문할 수 있으니 면접관이 질문하는 단어를 사용하여 답변하는 것이 더 효과적이다.

예를 들어, 면접관이 'good service'가 무엇이냐 라고 하면 답변할 때 'good service'로 답변하고, 'real service'가 무엇이냐고 물어보면 'real service', 'excellent customer service'를 물어보면 'excellent customer service'는 무엇이라고 답변한다. 본인에게 어렵다고 생각하는 단어는 쉬운 단어로 바꾸고 긴 문장들은 다 외우려고 하지 말고 의미를 파악해서 편하게 말할 수 있도록 한다.

A1 고객에게 완전한 만족을 제공하는 것 In my opinion, good service is giving full satisfaction to customers and taking care of them the best way I possibly can. If I am hired, I will do everything in my power to make the customer happy with my service, of course, while still staying in the company's guidelines.

제 생각에 좋은 서비스란 고객에게 최고의 만족을 주고 할 수 있는 한 최선을 다해 고객을 보살펴 주는 것이라고 생각합니다. 제가 만약에 일을 하게 된다면, 저는 회사의 지침을 지키면서 최고의 서비스로 고객을 행복하게 해드리기 위해 제가 할 수 있는 한 무엇이든지 할 것입니다.

A2 고객에게 친절하고 도움이 되는 태도로 대하는 것 I understand that good service is treating customers with a polite and helpful attitude. It means that I should always be polite, attentive and help my customers as much as I can. When I worked at a coffee shop I always tried to assist my customers with positive and helpful attitude. If I work as cabin crew in your airline, I will always be working with this attitude.

좋은 서비스란 고객에게 친절하고 도움이 되는 태도로 대해드리는 것이라고 알고 있습니다. 그 말은 즉 항상 친절하고 고객에게 주의를 기울이며 고객을 위해 최선을 다해 도와드려야 한다는 의미입니다. 전에 커피숍에서 근무할 때 저는 항상 긍정적이고 도움이 되는 태도로 임했습니다. 제가 승무원이 되어도 항상 이러한 태도로 근무하겠습니다.

A3 내가 대접받고 싶은 방식으로 고객을 대하는 것 My basic rule of good service is to treat customers the way I want to be treated. When I worked in the service industry, I always treated my customers with courtesy and respect. If I work as cabin crew in your airline, I will always make sure that passengers leaves an aircraft feeling satisfied with my service.

제가 생각하는 기본적인 좋은 서비스의 기본은 제가 대접받고 싶은 방식으로 고객을 대하는 것입니다. 제가 서비스 분야에서 일했을 때, 저는 항상 고객들에게 공손하고 존중하는 마음으로 대했습니다. 제가 만약 귀사의 승무원으로 일한다면, 저는 항상 승객들이 제 서비스에 흡족해하면서 비행기를 나가실 수 있도록 할 것입니다.

A4 고객을 행복하게 하도록 최선을 다하는 것 I think good service is doing my best to make customers happy. When customers are happy they remember the service. I believe happy customers will provide repeat business. And, they will always be willing to recommend my company and mention it to his or her friends to come and experience it. When I worked at a coffee shop I always responded my customers in friendly manner with bright smile.

좋은 서비스는 고객들을 행복하게 하기 위해 최선을 다하는 것이라고 생각합니다. 고객이 행복하면 그 서비스를 기억할 것입니다. 행복한 고객들은 그 서비스를 다시 이용하실 것으로 생각합니다. 그리고 그 고객들은 우리 회사를 주위 사람들에게 이용하도록 기꺼이 추천해줄 것입니다. 커피숍에서 일했을 때 저는 고객에게 항상 친절하게 웃으면서 대했습니다.

A5 고객을 위하여 더 많이 애쓰고 공손히 대하는 것 I would define excellent service as being courteous to the customer and going the extra mile to help them. I think it is always nice to put a smile, be helpful, and respectful. I think paying attention to and genuine concern for the customer's situation is a very efficient way to go the extra mile for the customer.

저는 훌륭한 서비스란 고객에게 공손히 대하는 것과 고객을 돕기 위해 그 이상을 하는 것이라 정의 내릴 수 있습니다. 미소를 짓고 도움을 주고, 존중하는 마음으로 대하는 것은 항상 좋은 것이라고 생각합니다. 고객의 상황에 대해 항상 주의를 기울이고 진심 어린 관심을 갖는 것은 고객을 위한 그 이상의 서비스를 제공하는데 효과적인 방법이라고 생각합니다.

A6 '고객을 위해서 무엇이든 할 수 있다'는 태도 I can say that good service is basically a "yes, I care, yes, I can do it" attitude. I think it's about respect for people and a job. If I take pride and pleasure in serving customers, and am passionate about my job, it will be easier to do. I believe with passion I can do almost anything.

좋은 서비스는 기본적으로 "네, 관심 있습니다. 네, 할 수 있습니다."라는 태도라고 말할 수 있습니다. 이것은 사람과 일에 대한 존중이라 생각합니다. 제가 고객들에게 서비스하는 것이 자랑스럽고 기쁘다면, 그리고 제 일에 열정이 있다면, 일하기는 더 쉬워집니다. 저는 열정이 있다면 무엇이든지 할 수 있다고 생각합니다.

A7 항상 진심으로 우러러 나오는 것 In my opinion, good service always comes from the bottom of the heart. When it's genuine, I am sure that the customer knows. I think putting myself into a customer's position/shoe is very important. If I join your company I'll never stop thinking of my customers and what I can do for them while working.

제 생각에 좋은 서비스는 항상 진심에서 우러나오는 것이라 생각합니다. 진심일 때, 고객은 분명히 알아차릴 것입니다. 고객의 입장에서 생각을 하는 것은 매우 중요합니다. 제가 만약에 귀사에 입사한다면, 저는 항상 고객을 위해 무엇을 할 수 있는지 만을 생각할 것입니다.

A8 **긍정적인 할 수 있다는 태도** In my opinion, good service is all about 'attitude'. A positive can-do attitude with a smile can go a long way. And, when working in the service industry, I think it's important to make every customer feel like they are my priority and they are welcomed. If they receive good service they are more likely to return to the business.

제 견해로는 좋은 서비스는 모두 태도에 관한 것이라고 생각합니다. 미소와 함께 긍정적으로 할 수 있다는 태도는 효과가 있습니다. 그리고 서비스 분야에서 일할 때, 고객이 우선이고 환영받는 것을 느끼게 하는 것은 매우 중요한 것이라 생각합니다. 고객이 좋은 서비스를 받는다면 그 고객들은 다시 찾아오실 것입니다.

A9 **고객의 기대를 충족시켜 주거나 넘어서는 것** I think good service is giving a level of service that meets or exceeds the customer's expectations. If I am dedicated to providing the best service I can, customers will keep coming back for more, and they'll also tell others about my service. I believe that service is one of the most important things that distinguishes a company from the competition.

좋은 서비스는 고객의 기대를 충족시켜 주거나 그 이상의 서비스를 제공하는 것이라고 생각합니다. 만약, 제가 헌신적으로 할 수 있는 최고의 서비스를 제공한다면 고객은 다시 찾아올 것이며, 다른 사람들에게 저의 서비스에 대해 얘기할 것입니다. 저는 다른 경쟁사들과 구별 지을 수 있는 가장 중요한 것 중 한 가지가 바로 서비스라고 믿고 있습니다.

A10 **고객이 원하는 것 이상으로 더 많이 애써 주는 것** I believe that excellent service is the ability to go the extra mile for customers. I will always "give customers what they want plus a little more." And when offering this kind of service, I can give my customers a positive and memorable experience. In order to go the extra mile for my customer, I need to understand what the customer needs first and I believe it's always possible when I really care about them.

훌륭한 서비스는 고객을 위해서 그 이상으로 애를 쓰는 것이라고 생각합니다. 저는 항상 고객이 원하는 것 그 이상의 것을 드릴 것입니다. 그리고 이러한 서비스를 제공할 때, 제 고객은 긍정적이고 기억에 남는 경험을 하게 될 것입니다. 고객에게 그 이상의 서비스를 제공하기 위해서는 우선 고객이 무엇을 필요로 하는지를 인지해야 한다고 생각합니다. 그리고 진심으로 고객을 생각한다면 항상 가능한 일이라 생각합니다.

A11 **고객 만족과 고객의 기대를 넘어서는 것** I think good service means customer satisfaction and exceeding customers' expectations. I understand that every customer expects a certain amount of service, some more than others. It would be great if I hear them saying, "Wow, I didn't expect that." or, "Thank you very much. You are very kind." Then they are more likely to remember me and come back to use our service.

좋은 서비스는 고객 만족과 고객의 기대치를 넘어서는 것을 의미한다고 생각합니다. 모든 고객은 어느 정도의 서비스를 기대하고 어떤 분들은 그 이상을 기대하기도 합니다. 만약 고객이 제게 "와, 이렇게까지 기대하지 않았는데요." 또는 "정말 친절하시네요. 감사합니다."라고 말씀해 주실 때, 정말 기쁠 것입니다. 그런 고객들은 저를 기억하실 것이고 그 서비스를 받으러 다시 오실 것입니다.

A12 고객의 기대와 필요를 따뜻한 환대와 친절로 충족시켜주는 것 I understand that good service means to satisfy the customer's needs and expectations with warm hospitality. I strongly believe that when service is offered with a bright smile and kindness, the overall is positive effect. And, I am sure that providing prompt response without delay is also one of the things that a customer wants.

좋은 서비스는 따뜻한 환대를 동반해서 고객의 필요 사항과 기대를 만족시키는 것이라 생각합니다. 환한 미소와 친절이 담긴 서비스를 제공한다면, 전반적으로는 긍정적인 결과를 가져올 것이라 믿습니다. 그리고 지연 없이 신속하게 대응하는 것 또한 고객이 원하는 것 중의 하나라고 생각합니다.

→ Q: Why do you think a smile is important in the service field?
왜 미소가 중요하다고 생각하나요?

A: I understand the importance of a smile. Smiles make people feel comfortable and easy to talk to. I believe in the power of smiles because they go a long way. There is a saying which I really like and it says, "There are hundreds of languages in the world but a smile speaks them all." I believe this is true.

저는 미소의 중요성을 잘 알고 있습니다. 미소는 사람들의 마음을 편하게 해주고 말 건네기 쉽게 만들어 줍니다. 저는 미소가 효과가 좋다는 것을 알고 있기에 미소의 힘을 믿습니다. 제가 정말로 좋아하는 말이 있는데 "이 세계에는 수백 가지의 언어가 있지만, 미소는 모든 언어를 말한다."라는 것입니다. 이 말이 사실이라 생각합니다.

A13 고객의 필요에 세심하게 반응하는 것 I think good service is sensitivity to the needs of customers. That's why it's important to listen carefully and read between the lines of the customer's requests. I also think sensitivity means that I should even understand the non-verbal clues of customers such as their body gestures and facial expressions. And, when dealing with customers from different counties I should be aware of cultural differences to offer better service for them. I believe good service always comes with the concern for customers.

좋은 서비스는 고객의 필요에 대해 세심하게 대하는 것이라 생각합니다. 그래서 고객의 요구사항들을 잘 파악하고 주의 깊게 귀를 기울이는 것이 중요합니다. 또한, 세심함이란 심지어 몸동작이나 얼굴 표정과 같은 비언어적인 단서도 이해할 수 있어야 한다는 것을 의미합니다. 그리고 다른 나라에서 온 고객을 대할 때는 더 나은 서비스를 제공하기 위해서 문화적 차이에 대해 잘 숙지하고 있어야 한다고 생각합니다. 좋은 서비스는 고객을 생각하는 마음에서 온다고 믿습니다.

A14 고객이 결과에 만족하도록 확실하게 하는 것 I believe good service is always making sure that the customer is satisfied with the result. I think that's why it's very important to understand the customer's needs and expectations by listening carefully and observing with concern. If I work as cabin crew in your airline, at the end of the service, I hope my passenger comes to me and says, "Thank you so much for your service, thank you for looking after us, you've been so nice or you are very kind," something along these lines. I think this job would give me a great feeling of fulfillment. I will always make sure that my customers leave with a smile.

좋은 서비스는 고객이 결과에 만족할 수 있도록 항상 확실하게 하는 것이라고 생각합니다. 그래서 주의 깊게 귀를 기울이고 관심을 두고 잘 보살피면서 고객의 필요사항들을 이해하는 것은 매우 중요합니다. 귀사의 승무원으로 일한다면, 서비스의 마지막에는 "서비스 감사합니다. 잘 돌봐주셔서 감사합니다. 참 친절하시네요." 와 같은 이런 말들을 제게 와서 해주시길 희망합니다. 이 일은 제게 엄청난 성취감을 줄 것으로 생각합니다. 저는 제 고객들이 미소를 띄우며 돌아가실 수 있게 항상 최선을 다할 것입니다.

A15 고객의 필요와 기대를 만족하게 해 주는 것 I understand that good service is satisfying customers' needs and expectations. So I think it's very important to understand and catch what they want and what they need as soon as possible. And I think good service starts from very small things/details because I always believe that small things can make the experience very special and different.

좋은 서비스는 고객의 요구와 기대에 부응하는 것이라고 알고 있습니다. 그래서 저는 가능한 한 빨리 고객이 무엇이 필요하고 무엇을 원하는지를 이해하고 알아차리는 것이 매우 중요하다고 생각합니다. 그리고 작은 것이 매우 특별하고 다른 경험을 말들 수 있기 때문에 좋은 서비스는 매우 작은 것부터 시작된다고 생각합니다.

→ Q: What do you think the small things are?
'작은 것'이라는 것이 무엇이라고 생각하나요?

A: I think the small things are a bright smile, a warm greeting and kind magic words. And I believe these things can bring more comfort and satisfaction to my customers.
작은 것은 환한 미소, 따뜻한 인사, 친절한 말이라고 생각합니다. 그리고 저는 이러한 것들이 고객들을 더 편안하게 만들고 만족감을 줄 수 있다고 믿습니다.

TIP

magic words; things can bring comfort, smiles and satisfaction to customers' ears. for example, thank you for···, excuse me···, we're sorry for···, we're happy to···.

| 마무리하기 유용한 표현 |

- If I work as cabin crew in your airline, I will always make sure that I give the best service to each customer.
  제가 귀사의 승무원으로 일한다면, 저는 항상 모든 고객에게 최상의 서비스를 제공하도록 하겠습니다.

- If I work as cabin crew in your airline, I will always treat my customers with <u>a friendly and helpful attitude.</u>
  제가 귀사의 승무원으로 일한다면, 저는 항상 친절하고 도움을 줄 수 있는 태도로 고객을 대할 것입니다.

→ 밑줄그은 내용은 본인이 만든 서비스 정의의 내용으로 정리해본다.
예) with a bright smile and respect
with genuine concern

You

137. Give an example of a situation when you went the extra mile to please a customer.

고객을 위해 더 많이 애써서 제공한 좋은 서비스의 예를 들어 보세요.

TIP

extra mile 서비스는 고객이 부탁하진 않았지만, 또는 부탁했어도 내 임무는 아니지만, 고객의 입장이나 마음을 헤아려서 조금 더 배려하고 애써준 경험을 의미한다. 당연히 많은 경험이 있다고 답변을 시작한다. 그리고 그 중 하나의 경험을 설명해 주도록 한다. 처음 만난 면접관이고 나의 배경을 잘 모르니 상황을 잘 이해할 수 있도록 내용 요약이 필요하다. 다음 샘플들을 참고하여 본인의 답변에 포인트를 맞추어 조금 짧게 이야기해도 괜찮다. 하지만 아무래도 상대방에게 상황을 이해시켜야 하는 스토리텔링이다 보니 조금 길어지기도 한다.

| 첫 문장으로 사용하기 유용한 표현 |

- I always try to go the extra mile for my customers.
  저는 제 고객들에게 항상 그 이상의 서비스를 제공해드리려고 노력을 합니다.

- I always try to be helpful to my customers.
  저는 항상 고객에게 도움이 되려고 노력합니다.

- I believe I have plenty of experience that I've gone the extra mile for my customers.
  저는 고객을 위해 특별히 더 애쓴 경험이 많이 있습니다.

A1 백화점 인포메이션 데스크 직원 I always try to go the extra mile for my customers. And, I remember one particular customer who came to me when I was working at the information desk at a department store. One elderly woman purchased a bunch of stuff and she asked me where she could take a taxi. I was feeling extra helpful and luckily I was working with another co-worker that day so I asked my co-worker if it was ok for me to help her. I carried her stuff to the taxi stand for her. She was very surprised and thankful and I felt really good too.

저는 제 고객들에게 항상 그 이상의 서비스를 제공해드리려고 노력을 했습니다. 제가 백화점에서 인포메이션 데스크에서 일할 때, 제게 오셨던 특별한 고객을 기억합니다. 한 노년의 여성분은 한 아름 물건을 사시고서는 제게 택시를 어디서 타야 하는지 물어보셨습니다. 저는 다행히 그날은 같이 일하는 동료가 있어서 데스크를 비우고 도와주러 나가도 괜찮았습니다. 저는 택시 정류장까지 고객의 짐을 들어다 주었습니다. 그 고객은 매우 감사했고, 저 또한 기분이 정말 좋았습니다.

A2 **맥도널드 직원** Most recently when I was working for McDonald's as a staff, I always tried to be helpful to my customers. And, sometimes I had a customer come into the store and didn't exactly know what they want, especially the elderly customers. So I explained about each item on the menu which they might like and the special combos so that they could take advantage of the discounts. They said I was very kind and helpful to them. It felt great when customers appreciates my service.

최근에 제가 맥도널드에서 직원으로 일했을 때, 저는 항상 고객들에게 도움이 되려고 노력했습니다. 그리고 가끔씩 특히, 나이가 드신 어르신 분들은 가게에 오셔서 무엇을 주문해야 할지를 몰랐습니다. 그래서 저는 어르신들이 좋아할 만한 메뉴와 돈을 절약할 수 있는 스페셜 콤보를 설명해 드렸습니다. 그분들은 제가 참 친절하고 도움이 되었다고 말씀해 주셨습니다. 고객들이 제 서비스에 고마워할 때 정말 기분이 좋습니다.

A3 **제과점 직원** Currently I am working as a sales assistant in a bakery. My duties normally are wrapping baked goods, handling cash and keeping the area neat and clean. However, when a customer has a lot to carry I willingly help them with a smile to carry their bags to their car or taxi stand. They are always happy with my help and most of them are coming back to the shop.

현재 저는 제과점에서 판매직원으로 일하고 있습니다. 저의 주된 임무는 상품을 포장하거나 계산을 하거나 가게를 정돈하고 깨끗하게 하는 것입니다. 하지만 고객이 짐이 많을 때는 저는 기꺼이 미소를 지으며 함께 짐을 차나 택시 정류장까지 들어줍니다. 고객들은 항상 저의 도움을 좋아하셨고, 대부분은 가게를 다시 찾아 주신답니다.

A4 **판매사원** When I was working as a sales clerk at my previous work sometimes people asked me for directions, where a certain office or shop was. Even though they didn't buy any thing from my shop I took a few seconds to walk them there to be sure they find it. Sometimes a customer who got help from me dropped by our store later and bought something to thank me for my help.

전에 직장에서 판매직원으로 일할 때, 가끔씩 사람들이 어떤 사무실이나 가게의 위치를 저에게 물어보았습니다. 저희 가게에서 물건을 사지 않았지만 길을 확실히 알려주기 위해서 잠시 앞에 나가서 알려주기도 하였습니다. 때론 저의 도움을 받았던 사람들이 나중에 저희 가게에 들려 물건을 사고 저의 도움에 대해 고마움을 표시하기도 했습니다.

A5 **학원 강사** Working in a private institute as an English instructor gives me a lot of meaningful and rewarding experiences. However, since my students are very young, aged between 6 to 11, some of them are having a hard time focusing on the class or having no motivation and some students have trouble keeping up with the class. I feel sorry for these students and thought that they needed to have supplementary classes. Currently I am teaching them in their level for 2 hours once a week. I think they have improved and their parents are very satisfied with their grade and appreciate my effort.

학원에서 영어강사로 일한 것은 저에게 많은 의미와 좋은 경험이 되었습니다. 하지만 제 학생들이 6~11살로 매우 어렸기 때문에, 몇몇 학생들은 수업시간에 집중하는데 어려워하거나 동기부여가 힘들었고, 몇몇 학생들은 수업을 따라오는 데 문제가 있었습니다. 저는 그런 학생들이 안쓰러웠고 보충수업이 필요하다고 생각했습니다. 현재 저는 일주일에 한 번 두 시간씩 그 학생들을 가르치고 있습니다. 학생들은 많이 좋아졌고 부모님들도 매우 만족해하셨고 제 노고에 감사해 하셨습니다.

A6 옷가게 직원 I used to work in a women's clothing store. I had an old lady come into the store one day and she had chosen one outfit for herself but we didn't carry her size so she had to order. We could get her size by Saturday so I asked her come by on that day. But she said she couldn't come that day and she needed her outfit by Sunday, which was the day we were closed. She looked so disappointed about it. So, after my shift was over on Saturday I went over to her house and gave her outfit. She was very happy with my service and she often come for shopping for her clothes.

저는 여성복 판매장에서 일했었습니다. 어느 날 한 노년의 여성분이 저희 가게에 오셔서 옷을 고르셨는데 그 치수가 없어서 주문을 해야 했습니다. 주문한 치수의 옷이 토요일에 온다고 해서 그날 가지러 오라고 말해드렸습니다. 하지만 그분은 토요일에 오실 수 없었고, 그 옷은 일요일에 필요하다고 하셨는데, 일요일은 저희 가게가 문을 닫는 날이었습니다. 그분은 매우 실망하는 눈치였습니다. 그래서 토요일에 제 업무를 마치고 저는 옷을 가지고 그분의 집에 가져다 드렸습니다. 그분은 저의 친절에 매우 행복해하셨고 종종 옷 사러 오십니다.

A7 캐나다 한국식당 웨이트리스 I believe I have plenty of experience of when I've gone the extra mile for my customers. When I was working as a waitress in a Korean restaurant in Canada, even though we served various Korean dishes sometimes the customer wanted something that was not on the menu. One day, one pregnant woman came to our restaurant and she asked for Korean cold noodles, which we didn't have. When I told her that we didn't have that dish in our restaurant she looked so disappointed that I felt very sorry for her. However, I realized that I had my own instant cold noodles in the kitchen for myself so I asked her if she still wanted the noodles even though they were instant. She seemed so delighted to have them. I tried my best to make the noodles taste better. She said "You are very kind. Thank you very much.' and she left me a huge tip.

저는 그 이상의 친절을 베푼 경험이 참 많다고 생각합니다. 제가 캐나다에 있는 한국식당에서 일했을 때, 다양한 메뉴가 있음에도 불구하고 가끔 메뉴에 없는 음식을 주문하는 손님들이 있었습니다. 어느 날, 임산부가 저희 식당에 오셨고 메뉴에 없는 냉면을 주문하셨습니다. 저희 식당에서는 그 메뉴를 하지 않는다고 말씀드렸더니, 굉장히 실망하셨고 저도 무척 미안했습니다. 그렇지만, 제가 먹으려고 사놓은 즉석 냉면을 생각해 냈고 그것도 괜찮은지를 물어보았습니다. 그분은 그거라도 있어서 매우 다행인 표정이었습니다. 저는 더 맛있게 만들기 위해 최선을 다했습니다. 그분은 "정말 친절하시네요. 정말 감사합니다."라고 말씀하시곤 많은 팁을 남기고 가셨습니다.

You

138. What kind service would you offer to your passengers if you work as a flight attendant?

승무원이 되면 승객에게 어떤 서비스를 제공하겠습니까?

TIP

'Good Service' 답변과 연결해서 만들어 보자. 단, 이렇게 하겠다라고 하는 승무원으로서 앞으로의 의지나 포부가 포인트가 되어야 하며 더 적극적으로 어필해야 한다. 이 질문의 답변을 준비한다면 이와 유사한 다른 질문들을 받아도 답변을 할 수 있다. 단 질문에 포인트를 맞추어서 답변하는 것을 잊지 말자.

예를 들어,

1) "What can you do for this company?"라고 질문한다면, 아래 예문들과 같이 답변을 준비했다면 시작은 "I believe I can do a lot of things for your company as cabin crew. I will…"
2) "What kind of contribution can you make for us?"라고 질문한다면, 아래 예문들과 같이 답변을 준비했다면 시작은 "I believe I can make a lot of contribution as cabin crew in your company. I will…"

A1 I will always respond to my passengers in a friendly and professional manner. I will also provide what they need without delay and satisfy their expectations with a bright smile and kindness. I will absolutely ensure that I give the best service to each customer.

저는 항상 친절하고 프로답게 승객들을 응대할 것입니다. 저는 지체없이 승객들이 필요한 것을 제공할 것이며 항상 환한 미소와 친절로 승객들의 기대를 만족시킬 수 있도록 노력할 것입니다. 모든 승객들에게 최고의 서비스를 제공해 드릴 수 있도록 확실히 하겠습니다.

A2 I fully understand that I am not only the face and the representative of myself but also the company while I wear the uniform. I will definitely try all I can do to give a good impression to my passengers so that they will fly with our airline again.

제가 유니폼을 입고 있는 동안은 저 자신뿐만 아니라 회사의 대표라는 사실을 잘 인지하고 있습니다. 저는 승객들이 다시 저희 항공으로 비행할 수 있도록 좋은 인상을 주기 위해 제가 할 수 있는 모든 최선을 다할 것입니다.

→ Q: How will you give a good impression to your passengers?
어떻게 승객들에게 좋은 인상을 주겠습니까?

A: I will always respond to my passengers in a friendly and professional manner. I will also provide what they need without delay and satisfy their expectations with a bright smile and kindness. I believe happy customers will provide repeat business.

저는 항상 친절하고 프로답게 승객들을 응대할 것입니다. 지체없이 승객들이 필요한 것을 제공할 것이며 항상 환한 미소와 친절로 승객들의 기대를 만족시킬 수 있도록 노력할 것입니다. 서비스에 만족한 승객들은 다시 항공사를 찾으리라는 것을 믿습니다.

A3 I will always be concerned about the safety of the passengers and will be ready to provide them with what they need. I will never stop providing sincere service to the customers by understanding whether they are happy or sad. And I will treat them with a friendly and helpful attitude to ensure that passengers leaves an aircraft feeling satisfied with my service.

항상 승객들의 안전에 관심을 갖고 승객들이 필요한 것을 제공할 준비를 할 것입니다. 승객들이 행복한지 슬픈지를 잘 헤아리면서 진심 어린 서비스를 할 것입니다. 그리고 승객들이 저의 서비스에 만족하여 비행기를 떠나실 수 있도록 다정하고 도움을 줄 수 있는 태도로 대할 것입니다.

A4 If I work as a cabin crew for your airline, while working I will always try to anticipate and respond to passengers' needs quickly for their safety and comfort. I can be friendly with a big smile even at 3 in the morning and I can assist passengers who need any extra help. When passengers leave an aircraft, I will always make sure that they leave with a smile.

제가 만약에 귀사의 승무원으로 일하게 된다면, 저는 항상 승객들의 안전과 편안함을 위해 승객들의 필요사항을 예상하고 빠르게 응대 할 수 있도록 최선을 다 할 것입니다. 저는 새벽 3시에도 미소를 띠고 친절히 할 것이며, 더 많은 추가적인 도움이 필요한 승객들도 잘 보살필 것입니다. 승객들이 비행기를 떠날 때면 승객들이 미소를 띄우며 돌아가실 수 있게 항상 최선을 다할 것입니다.

A5 I will always provide cabin service which satisfy the passenger's needs and create a pleasant atmosphere where passengers feel comfortable and receive a warm welcome. In addition, a good cabin crew should have professional knowledge and expertise/skills so that they can deal with any kinds of situations. So, I should study hard about the information of the flight and all the required studies before I proceed to my duties. From the beginning to the end of a flight I will make sure that I treat my customers with a friendly and helpful attitude.

저는 항상 승객들의 요구사항들을 만족시켜주며, 승객들이 편안하게 느끼고 따뜻한 환영을 받을 수 있는 유쾌한 분위기를 만들어주는 기내 서비스를 제공할 것입니다. 또한, 훌륭한 승무원은 어떤 상황에도 잘 대처할 수 있도록 전문적인 지식과 기술을 가지고 있어야만 한다고 생각합니다. 그래서 제 임무를 수행하기 전에 저는 비행에 대한 정보와 필요한 모든 공부를 열심히 할 것입니다. 저는 비행 시작부터 끝날 때까지 친절하고 도움을 줄 수 있는 태도로 고객을 대할 것입니다.

You

승무원 영어면접 Answer

Chapter 13
Job Of Cabin Crew
승무원의 일

13 Job Of Cabin Crew

Chapter. 13

승무원의 일

Questions

139. Can you tell me the responsibilities/duties of a flight attendant?

승무원이 하는 일에 대해 말해보세요.

140. Which one do you think is more important, service or safety?

서비스와 안전 중 무엇이 더 중요하다고 생각하나요?

141. What do you think is the difference between an ordinary office job and the work of a cabin crew?

일반 사무직과 승무원의 직업이 다른 점이 무엇이라고 생각하나요?

142. What do you think are the advantages (good points, merits, benefits, upsides, highs) of being cabin crew?

승무원의 장점이 무엇이라고 생각하나요?

143. What do you think are the disadvantages(bad points, demerits, downsides, lows) of being cabin crew?

승무원의 단점이 무엇이라고 생각하나요?

139. Can you tell me the responsibilities/ duties of a flight attendant?

승무원이 하는 일에 대해 말해보세요.

TIP

지원자 여러분이 승무원으로 근무해보지 않았더라도 면접관이 "승무원이 무슨 일을 하는지 아는가?"라고 질문한다면 반드시 승무원의 임무를 이해하고 있다고 답변한다. 많은 지원자들이 머릿속으로는 잘 알고 있으면서 입 밖으로 표현하기 쉽지 않은 질문이기도 하다. 실제로 루프탄자 항공, 에어 마카오, 싱가포르 항공 등 많은 항공사에서 파이널 면접 때 질문했다.너무 추상적으로 미소와 서비스만 제공한다고 하지 말고 구체적으로 어떤 일을 하는지 답변 샘플을 보고 본인이 할 수 있는 만큼 만들어보자.

답변할 때는 "I think they offer comfort and safety for passenger."와 같이 I think로 답변하는 것보다는 I understand that…으로 시작하는 것이 더 자연 자연스럽다. '승객에게 편안함과 안전을 제공한다고 내가 생각 한다'가 아니라 '승객에게 편안함과 안전을 제공한다고 나는 알고 있다'가 더 이해력이 좋게 들린다.

| 첫 문장으로 사용하기 유용한 표현 |

- The job of a cabin crew is to make passengers feel comfortable and safe during the flight.
  승무원의 임무는 비행 동안 승객들을 편안하고 안전하게 해주는 것입니다.

- Cabin crew provide cabin service and take care of passengers with a genuine concern and warm hospitality.
  승무원은 기내 서비스를 제공하며 진심 어린 배려와 따뜻한 환대로 승객들을 보살펴 줍니다.

- I understand that they provide cabin service based on comfort and safety to the passengers from the beginning to the end of the flight.
  승무원들이 편안함과 안전을 기반으로 하는 기내서비스를 비행 시작부터 끝날 때까지 승객들에게 제공한다고 알고 있습니다.

1 안전장비 점검 Cabin crew check the safety equipments as soon as they get on board.

승무원은 탑승하자마자 안전장비를 체크합니다.

2 승객 탑승 시 인사, 자리 안내 Cabin crew help passengers board and guide them to their seats as well as greet passengers at the door.

승무원은 문에서 승객들에게 인사할 뿐만 아니라 승객들의 탑승을 도와 자리를 안내해 줍니다.

3 짐 보관 안내 Cabin crew make sure that the entire luggage is safely kept in the overhead bins or under the seat.

모든 짐은 머리 위의 짐칸이나 좌석 아래에 안전하게 보관되었는지를 반드시 확인해야 합니다.

4 비상 절차 안내 Once all the passengers are on board then the cabin crew give a safety demonstration while the plane is preparing for take off.

일단 모든 승객들이 탑승하면 승무원은 비행기가 이륙을 준비하는 동안에 안전수칙에 대해 시현을 해줍니다.

5 기내 청결 유지 I also know that cabin crew are responsible for keeping the cabin clean and orderly so that they can serve passengers efficiently.

저는 또한 승객들에게 효과적인 서비스를 제공하기 위해서 기내를 청결하게 하고 잘 정돈해야 하는 책임이 있다고 알고 있습니다.

→ 기내 When things are neat and orderly, work is easier and more effective. Keeping an aircraft clean including the cabin, galley and lavatories is very important to provide a comfortable and pleasant trip for passengers.

깔끔하고 잘 정돈되었을 때, 일하기 더 쉽고 효과적이게 됩니다. 객실, 기내주방, 화장실을 포함한 비행기를 깨끗하게 유지하는 것은 승객들이 편안하고 즐거운 여행을 하는데 매우 중요합니다.

→ 기내주방 The galley is the place where the cabin crews handle food and drinks. It's very important to keep the surroundings clean for hygienic reasons in order to prevent the spread of disease to ourselves and passengers.

기내주방은 승무원이 음식과 음료를 다루는 곳입니다. 우리와 승객들에게 병균이 확산하는 것을 방지하는 위생적인 이유 때문에 깨끗한 환경을 유지하는 것은 매우 중요합니다.

→ 화장실 Keeping toilets clean is important to provide a comfortable and pleasant flight. Most of the time, there are so many people in flight, and many people use the toilet. I think checking and cleaning toilets is one of the duties of cabin crew.

화장실을 깨끗하게 유지하는 것은 편안하고 즐거운 비행을 제공하는데 중요한 일입니다. 대부분, 비행기 안에는 많은 사람들이 있고 많은 사람들이 화장실을 사용합니다. 화장실을 점검하고 청결하게 하는 것은 승무원의 임무 중 하나라고 생각 합니다.

6 안전띠 착용 확인 Cabin crew always check passengers to make sure they have fastened their seat belts for their safety during taking off, landing and turbulence.

또한, 승무원들은 승객들이 이륙과 착륙, 그리고 난기류에 있을 때 안전을 위해 안전띠를 착용했는지를 항상 점검해야 합니다.

7 식사, 음료 서비스 및 기내 면세품 판매 During a flight the cabin crew take care of/assist passengers, and serve meals, beverages and refreshments to passengers and sell duty free goods.

비행하는 동안 승무원들은 승객들을 보살피고, 식사와 음료, 간단한 다과를 승객들에게 제공하며 면세품 판매도 합니다.

8 기내 비상상황 발생 시 대처 Cabin crew have to deal with emergency situations. In case of emergencies, cabin crews should reassure passengers so that they follow the emergency procedures properly when an emergency happens.(such as cabin fires or first aid situations.)

승무원들은 비상상황에 잘 대처해야 합니다. 승무원은 비상상황이 발생 되었을 때 승객들을 비상절차를 올바르게 따르게 하기 위해서 승객들을 안심시켜야 합니다(예를 들어 기내화재나 응급처치 상황 시).

9 도착 후 승객 모두 내렸는지 확인 At the end of a flight cabin crew make sure that the passengers disembark the aircraft safely and there is no luggage left in the overhead lockers or in the cabin.

비행 마지막에 승무원은 모든 승객이 안전하게 비행기에서 내렸는지 확인을 해야 하고, 머리 위 짐칸이나 기내에 남겨진 짐이 없는지 확인해야 합니다.

| 마무리하기 유용한 표현 |

- I believe they do a lot of work for the passengers on board.
  승무원들은 승객을 위하여 많은 일을 한다고 생각합니다.

- I think I should study hard about the information of the flight and all the required studies before I proceed to my duties.
  임무를 수행하기 전에 비행에 대해 열심히 공부해야 하고 모든 필요한 공부를 해야 한다고 생각합니다.

〈Sample Answers〉

A1 I understand that cabin crew offer cabin service based on comfort and safety to the passengers during a flight. For passengers' comfort, cabin crew assist passengers and offer drink and meal service. I also understand that they are trained to deal with emergency situations which may occur during the flight. I believe cabin crew do a lot of work for the passengers on board.

저는 승무원들이 승객들에게 비행 중 편안함과 안전을 기반으로 하는 기내서비스를 제공한다고 알고 있습니다. 승객들의 편안함을 위해서 승무원은 승객들을 도와주고 음료와 음식을 제공합니다. 또한, 승무원은 비행하는 동안 발생할 수도 있는 응급상황과 비상상황에 대처할 수 있도록 훈련이 되었습니다. 승무원들은 승객을 위하여 많은 일을 한다고 생각합니다.

A2 I understand that cabin crew provide excellent service to passengers while making sure their comfort and safety throughout the flight. They help passengers to board the plane and give a safety demonstration. And, when an emergency happens they have to deal with it. They also offer meals and drinks and sell duty-free items. And, I know that cabin crew may work on short or long-haul flights.

승무원은 비행 내내 승객들의 편안함과 안전을 보장하면서 훌륭한 서비스를 제공해야 한다고 알고 있습니다. 승무원들은 승객들이 비행기에 탑승할 수 있도록 도와주어야 하고 안전 수칙에 대해 시현을 해 줍니다. 그리고 비상상황이 발생하면 대처해야 합니다. 또한, 식사와 음료를 제공하고 면세품 판매를 합니다. 그리고 승무원은 단거리나 장거리 비행을 할 수 있다는 것을 알고 습니다.

A3 I understand that the job of cabin crew is to make passengers feel comfortable and safe during the flight. They provide cabin service offering beverages and meal service and take care of passengers with warm hospitality. They also have to deal with emergency situations. In case of emergencies, cabin crews should reassure passengers so that they follow the emergency procedures properly. So, if I become cabin crew, I think I should study hard about the required studies before I proceed to my duties.

승무원의 임무는 비행 동안 승객들을 편안하고 안전하게 해 주는 것입니다. 음료와 식사를 제공하고 따뜻하게 승객들을 잘 보살펴 주어야 한다는 것을 잘 알고 있습니다. 또한, 비상상황에 대처해야 합니다. 비상상황일 경우에 승무원은 승객들이 비상 절차를 잘 따를 수 있게 하기 위해서 승객들을 안심시켜야 합니다. 그래서 제가 만약에 승무원이 된다면, 임무를 수행하기 전에 필요한 공부를 열심히 해야 한다고 생각합니다.

A4 I am aware of that cabin crew provide cabin service based on comfort and safety to the passengers from the beginning to the end of the flight. They help passengers board and guide them to their seats as well as greet passengers at the door. I also know that they are responsible for making the cabin clean and in order so that they can serve passengers efficiently. In addition, they always check passengers to make sure they have fastened their seat belts for their safety during taking off, landing and turbulence. They also offer beverages and meal service. I believe they do a lot of work for the passengers on board.

저는 승무원들이 편안함과 안전을 기반으로 하는 기내서비스를 비행 시작부터 끝날 때까지 승객들에게 제공한다고 알고 있습니다. 승무원은 문에서부터 승객들에게 인사를 하는 것뿐만 아니라 승객들에게 탑승과 자리를 안내해 줍니다. 승무원은 승객들에게 효과적으로 서비스하기 위해서 기내를 청결하게 유지해야 하는 책임이 있다는 것을 저는 알고 있습니다. 또한, 승객들이 이륙, 착륙 그리고 난기류 때 안전띠를 착용하고 있는지 항상 확인해야 합니다. 승무원은 음료와 식사를 제공합니다. 승무원들은 승객을 위하여 많은 일을 한다고 생각합니다.

You

140. Which one do you think is more important, service or safety?

서비스와 안전 중 무엇이 더 중요하다고 생각하나요?

TIP

서비스와 안전, 당연히 둘 다 다 중요하다. 어느 것 하나 덜 중요한 것은 없다. 하지만 안전이 어떤 이유에서라도 항상 우선시 되어야 한다는 것이다. 안전은 의무이고 언제나 먼저이어야 한다는 것이다.

A1 I think it's always safety first. Safety always should be considered to be the most important thing no matter what. I believe that to have a comfortable travel good cabin service is nice, but safety is vital. I understand the cabin crew are there to maintain the comfort and safety of passengers.

안전은 항상 최우선이라고 생각합니다. 안전은 무슨 일이 있더라도 항상 가장 중요한 것으로 여겨져야 합니다. 편안한 여행을 위해서 좋은 기내 서비스도 좋지만, 안전이 필수라고 생각합니다. 승무원은 승객들의 편안과 안전을 지키기 위해 존재한다고 생각합니다.

A2 Of course I think both are very important for passengers. However, if I have to make the priority, I probably would say that safety always has to come first. I think that's why cabin crew receive intensive initial training and continue training to keep passengers safe and deal with emergency situations.

물론, 둘 다 승객들에게는 매우 중요한 것들이라고 생각합니다. 하지만 우선순위를 두어야 한다면, 저는 안전이 항상 우선이어야 한다고 생각합니다. 그래서 승무원들은 승객들의 안전을 지키고, 비상상황에 대처할 수 있도록 고도의 초기의 훈련과 지속적인 훈련을 받는 이유라고 생각합니다.

A3 I understand that in the airline industry safety is something we can't question, it is an responsibility. And we cannot give cabin service if we don't have safety. I think that's why there are a lot of regulations regarding the safety in an airline company.

항공 산업에서의 안전은 우리가 의심의 여지도 없이 해야만 하는 책임이라고 알고 있습니다. 그리고 안전하지 않다면 기내 서비스를 할 수 없습니다. 그래서 항공 회사에서 안전에 대한 규칙이 많이 있는 이유라고 생각합니다.

→ Q: What do you know about safety regulations?
어떤 규정에 대해 알고 있나요?

A1: Passengers always keep their seat belts fastened to protect themselves to avoid injuries from flight turbulence.
승객들은 난기류를 비행할 때 부상을 당하지 않도록 보호하기 위해 앉아있는 동안 벨트를 계속 매고 있어야 합니다.

A2: Passengers shouldn't bring prohibited and hazardous items on board.
승객들은 탑승 시 금지된 물품과 위험한 것들은 가져가지 말아야 합니다.

A3: In the aircraft limiting drinking is a good way to reduce the chance of an incident.
기내에서 제한된 음주는 사고 날 가능성을 줄이는 좋은 방법입니다.

A4: The prohibition of smoking on the plane is very strict.
기내에서의 흡연금지는 매우 엄격합니다.

A5: The use of electronic devices is not allowed during taking off or landing.
이륙과 착륙 시 전자기기의 사용은 허락되지 않습니다.

You

141. What do you think is the difference between an ordinary office job and the work of a cabin crew?

일반 사무직과 승무원의 직업이 다른 점이 무엇이라고 생각하나요?

TIP

사무실 근무를 주로 한 지원자에게 종종 질문한다. 질문하는 면접관이 승무원과 사무직의 차이를 몰라서 묻는 말이 아니라는 것은 알 것이다. 영어 실력도 평가하고 승무원 일에 대한 이해도도 알 수 있는 질문이다.

A I think both jobs require mental toughness but working as cabin crew requires more physical work than working in the office. Moreover, cabin crew seem to me that they have to be more flexible and adaptable since they have to work in different places and hours of day and night with different people.

제 생각에는 두 가지 모두 정신적 강인함을 필요로 하지만, 승무원으로 일하는 것은 사무직 일보다 더 많은 신체적 노동을 요구한다고 생각합니다. 더 나아가 승무원은 다른 사람들과 다른 장소와 다른 낮과 밤에 일해야 하기 때문에 더 많은 융통성과 적응력이 있어야 할 것 같습니다.

You

142. What do you think are the advantages (good points, merits, benefits, upsides) of being cabin crew?

승무원의 장점이 무엇이라고 생각하나요?

TIP

승무원이 되면 정말 많은 장점들을 경험할 수 있다. 승무원이 되는 것을 상상하면서 활짝 웃으며 '장점…, 너무 많을 것 같다. 많다고 들었다' 등 적극적으로 시작하고 한두 가지 정도 나열해 준다. 직업 자체에서 오는 장점들을 언급해 주는 것이 더 프로페셔널 해 보일 수 있다. 다음 예시와 같은 답변들을 본인이 하기 편안하게 바꾸어서 만들어보자.

* 주의할 점 공짜 여행이나, 월급, 면세품 구매, 공짜 티켓과 같이 친구들과 수다할 때나 얘기할 수 있는 것들과 같은 근무 외 조건만을 장점으로 나열하지 않는다.

| 첫 문장으로 사용하기 유용한 표현 |

- I think there are many good points for me.
  저에게 주는 장점이 많다고 생각합니다.

- I think there are a lot of advantages working as cabin crew.
  승무원으로 일하는 것은 많은 장점이 있다고 생각합니다.

- I believe that I can learn so many things from this position.
  저는 이 일을 통해서 정말 많은 것을 배울 수 있다고 생각합니다.

- I believe working as cabin crew would bring a lot of benefits to me.
  승무원으로 일하는 것은 저에게 많은 이점을 가져다줄 거라 생각합니다.

⟨Examples of benefits⟩

1 다양한 문화를 경험하면서 시야가 더 넓어진다 Visiting many countries, and seeing the world; this career would offer me more opportunities to experience and explore different cultures in person. This will help to broaden my horizon and perspective of the world that we live in.

많은 나라를 방문하고 세상을 보는 것; 이러한 경험은 직접 다른 문화를 탐험하고 경험하는 더 많은 기회를 가지게 될 것입니다. 이는 우리가 사는 세계에 대한 저의 시야와 관점을 넓히는 데 도움이 될 것입니다.

2 다양한 승객을 만나며 동료와 일하면서 많은 것을 배울 수 있다 Meeting all different kinds of new people with different cultures & working with different types of co-workers on the job; I can learn so many things from the people who each have their own individual strengths.

다른 문화를 가진 새로운 사람들과 만나고 일하면서 다양한 스타일의 동료와 일하는 것; 개개인의 능력을 가진 사람들로부터 많은 것들을 배울 수 있습니다.

3 더 독립적적으로 될 수 있다 Becoming more independent and responsible; in certain situations, I should live apart from family and that means I have to manage my own life there.

좀 더 독립적이고 책임감 있게 되는 것; 어떤 경우에는 가족과 떨어져 살아야 하고 이것은 그곳에서 제 자신의 인생을 혼자 관리해야 한다는 것을 의미합니다.

4 많은 보람과 성취감을 느낄 수 있다 Feeling a sense of pride and accomplishment; this job would give me a lot of emotionally rewarding experiences when I help passengers to feel comfortable and safe during the flight as a travel partner.

자부심과 성취감을 느끼는 것; 이 직업은 여행의 동행인으로서 비행하는 동안 편안하고 안전하게 승객들을 도와줄 때 많은 보람을 느끼게 해줍니다.

5 다양한 경험을 할 수 있다 Enjoying variety; this work will be full of excitement and diversity. It won't be the same/mundane as I meet different passengers and co-workers everyday.

여러 가지를 즐길 수 있는 것; 이 일은 흥분과 다양성으로 가득 찰 것입니다. 매일 다른 승객과 다른 동료를 만나기 때문에 항상 똑같지는 않을 것입니다.

6 많은 교류를 통해 개인적으로 많은 발전을 할 수 있다 Developing myself and improving many skills; social skills and interpersonal skills will grow as cabin crew interact with all kinds of people. International knowledge, language and communication skills will be improved.

자신을 발전시키고 많은 능력을 개발하는 것; 사교 기술과 대인관계 기술이 승무원으로 많은 사람들과 함께 교류하면서 발전될 것입니다. 국제적인 지식과 언어 그리고 소통능력이 향상될 것입니다.

7 직업적으로 발전 할 수 있다 Offering a great career opportunity; while this job can be hard work sometimes, I believe I can learn so many things from this work and my ability would offer me with a good/great career opportunities.

훌륭한 경력이 될 기회를 제공하는 것; 때론 이 일이 힘든 일일 수도 있지만, 저는 이 일을 통해서 많은 것을 배울 수 있을 것이고, 저의 능력은 좋은 경력의 기회를 줄 것이라 믿습니다.

〈Sample Answers〉

A1 많은 보람과 성취감을 느낄 수 있다 I believe this job would give me a lot of emotionally rewarding experiences when I help passengers to feel comfortable and safe during the flight as a travel partner. And it will be very exciting as I meet different passengers and co-workers everyday.

이 직업은 여행의 동행인으로서 비행하는 동안 편안하고 안전하게 승객들을 도와줄 때 많은 보람을 느끼게 해 줄 거라 믿습니다. 그리고 매일 다른 승객과 다른 동료를 만나기 때문에 아주 흥미로울 것입니다.

A2 많은 사람과의 교류를 통해 사교적 기술을 발전시킬 수 있다 I think there are many good points for me. Especially, meeting and interacting with all kinds of people form all over the world on the job would be very exciting and help me to improve my social skills. These advantages would make this job more attractive because I love to meet diverse people.

저에게 주는 장점이 많다고 생각합니다. 특히, 일하면서 전 세계에서 온 다양한 사람들과 만나고 교류하는 것은 굉장히 즐거울 것이며, 저의 사회성을 발전시키는 데 도움이 될 것이라고 생각합니다. 이러한 장점들은 제가 다양한 사람들을 만나는 것을 좋아하기 때문에 저에게는 더 매력적인 직업으로 다가옵니다.

A3 다양한 문화를 경험하면서 시야가 더 넓어지며 삶을 더 풍요롭게 하는 특권을 가진다 I believe working as cabin crew would bring a lot of benefits to me. Most of all, visiting many countries will help me to broaden my view and perspective on the world that we live in. I am curious about other countries and love to learn and experience different cultures. I think these experiences would enrich my life and I will be a very lucky person to have this kind of privilege, which I believe only a few people can have.

승무원으로 일하는 것은 저에게 많은 이점을 가져다줄 거라 생각합니다. 무엇보다도 많은 나라를 방문하는 것은 우리가 사는 세계에 대한 저의 시야와 관점을 넓히는 데 도움이 될 것입니다. 저는 다른 나라에 대해 호기심이 많아서 다른 문화를 배우고 경험하는 것을 좋아합니다. 이러한 경험들은 제 삶을 풍요롭게 만들어줄 것이라고 생각하고, 이러한 특권을 가질 수 있다면 굉장히 운이 좋은 사람이 될 거라고 생각하는데, 이러란 특권은 소수의 사람들만 가질 수 있다고 생각합니다.

A4 다양한 문화를 직접 경험하고 많은 동료와 일하면서 많은 것을 배울 수 있다 I think there are a lot of advantages working as cabin crew such as visiting many countries and experiencing different cultures in person. Building good friendships with co-workers from different countries will be very exciting too. I can learn so many things from different co-workers who each have their own individual strengths. This experience would make me a very professional person.

직접 많은 나라를 방문하고 다른 문화를 경험하는 것과 같이 승무원으로 일하는 것은 많은 장점이 있다고 생각합니다. 다른 나라에서 온 동료와 좋은 우정을 쌓는 것 또한 매우 흥미로울 것입니다. 각각의 능력을 갖춘 각기 다른 동료로부터 많은 것을 배울 수 있다고 생각합니다. 이러한 경험은 저를 진정한 프로로 만들어 줄 것이라 생각합니다.

A5 **많은 것을 배워서 직업적으로 발전할 수 있다** I believe that I can learn so many things from this position. This job would offer me a great opportunity to improve my interpersonal and English language skills by interacting with all kinds of people from all over the world. While this job can be hard work sometimes, I believe I can learn so many things from this work and my ability would offer me with a great career opportunities.

저는 이 일을 통해서 정말 많은 것을 배울 수 있다고 생각합니다. 이 일은 전 세계에서 온 많은 사람들과 함께 교류하면서 대인관계 기술과 영어 실력을 향상할 수 있는 좋은 경험을 줄 것입니다. 때론 이 일이 힘든 일일 수도 있지만, 저는 이 일을 통해서 많은 것을 배울 수 있을 것이고 저의 능력은 훌륭한 경력의 기회를 줄 것이라고 믿습니다.

You

143. What do you think are the disadvantages (bad points, demerits, downside) of being cabin crew?

승무원의 단점이 무엇이라고 생각하나요?

TIP

모든 직업에는 장·단점이 있다. 승무원에 대해 환상만 가지고 단점이 없을 것이라고 답변하는 것은 면접관이 좋아하지 않는다. 단점도 인지하고 있으며 충분히 극복할 수 있다고 답변하는 것이 더 효과적이다. 하지만 너무 많은 단점을 나열하지는 않는다. 단점은 생각을 좀 하는 듯하면서 "음, 별로 없을 것 같긴 한데…, 내가 듣기론/알기론…."으로 시작하면서 너무 강하지 않은 것으로 한 가지 정도 이야기한다. 다음 예문들이 무난한 것들이니 본인이 할 수 있는 답변으로 만들어보자. 단어는 면접관이 사용한 단어로 답변하도록 한다. 예를 들어, 면접관이 disadvantage이라고 했으면 똑같이 disadvantage로 사용한다. 면접관이 demerit라고 한다면 demerit으로 답변하도록 한다.

| 첫 문장으로 사용하기 유용한 표현 |

- I think there are just a few disadvantages.
  저는 단지 몇 가지의 단점만이 있다고 생각합니다.

- I don't think there are many downside.
  저는 단점이 많다고 생각하지 않습니다.

- Well, actually, I don't see many disadvantages to work as a cabin crew. However, I heard that….
  사실 전 승무원으로 일하는 데 단점이 많은 것 같진 않습니다. 하지만…이라고 들었습니다.

- I think there are many advantages and I would say that they definitely outweigh the disadvantages.
  단점들을 확실히 능가하는 많은 장점이 있다고 생각합니다.

〈Examples of Disadvantages〉

1 육체적, 정신적으로 힘들다 Physically and emotionally demanding, particularly on long-haul lights; cabin crew members work extremely hard in confined spaces and spend a lot of time on their feet. They also deal with many different passengers and situations.

특히, 장거리 비행에서는 육체적으로 정신적으로 힘들다는 것; 승무원들은 좁은 공간에서 매우 힘들게 일하고 서서 오랜 시간을 보냅니다. 또한, 많은 다양한 승객들과 상황들에 대처해야 합니다.

2 가족들의 중요한 행사에 참석 못 할 때도 있다 Being away from home; cabin crew may not be able to attend the important family events or the special moments / milestone such as birthdays, anniversary, weddings and so on.

집에서 멀리 떨어져 있다는 것; 승무원은 생일, 기념일, 결혼 등등과 같은 중요한 가족 행사나 특별한 순간에 참석할 수 없을 수 있습니다.

3 불규칙한 스케줄로 일해야 한다 Working with irregular schedules; cabin crew are expected to work on any day of the year and at any time including weekends and public holidays.

불규칙한 스케줄로 일하는 것; 승무원은 주말과 공휴일을 포함해 일 년 중에 어느 날에나 일할 수 있습니다.

4 시차 증을 겪게 된다 Travelling between multiple time zones, which causes jet lag; the work can be demanding as cabin crew have to deal with and often work through tiredness and jet lag when crossing over different time zones.

다양한 시간대를 여행하면서 야기되는 시차증; 이 일은 승무원으로서 다른 시간대를 넘나들 때 생기는 피로와 시차증을 겪어야 해서 힘들 수 있습니다.

5 다른 문화 때문에 오는 어려움이 있다 Cultural differences to deal with; cabin crew might face culture shock because of different culture.

문화차이를 극복하는 것; 승무원은 다른 문화로 인한 문화적 충격에 대면할 수 있습니다.

6 승객 개개인을 모두 다 만족시키는 것이 쉽지 않다 Interacting with all kinds of people who have various needs and expectations; it's not easy to satisfy all the passengers individually 100 percent of the time. I think that's why kindness is very important when cabin crew treat passengers.

다양한 요구와 기대를 가진 많은 사람과 교류하는 것; 매번 모든 승객을 100퍼센트 만족하게 하기는 쉽지 않은 일이라고 생각합니다. 그렇기 때문에 친절은 승무원이 승객들을 대할 때 매우 중요한 것입니다.

〈Sample Answers〉

A1 육체적, 정신적으로 힘들다 I don't think there are many downside. But I understand that the cabin crew's job can be physically and emotionally demanding as cabin crew members work extremely hard, spend a lot of time on their feet and deal with many different passengers and situations. However, I am very healthy and if I work as a cabin crew, I will try to minimize the effects of fatigue by doing exercise and taking enough rest before and after the flights.

단점이 많다고 생각하지 않습니다. 하지만 승무원 일은 서서 오랜 시간을 일해야 하고 많은 다양한 승객들과 상황들에 대처해야 하므로 육체적이나 정신적으로 힘든 일일 수 있습니다. 하지만 저는 매우 건강하고 제가 승무원으로 일한다면 운동과 비행 전후의 충분한 휴식을 취함으로써 피로를 최소한으로 하려고 노력할 것입니다.

A2 휴일에도 근무해야 해서 가족들의 중요한 행사에 참석 못 할 때도 있다 Well, Actually, I don't see many disadvantages to work as cabin crew but, I heard that the life of cabin crew members can be affected in different ways because of irregular work schedules. Since cabin crew are expected to work any day of the year and at any time they may have to work on special holidays or they may not be able to attend the important family moments. But, I think they can still enjoy days off and annual leave.

사실 승무원으로 일하는 데 단점이 많은 것 같진 않습니다만, 승무원의 생활은 불규칙적인 스케줄로 인해 다른 방면에서 영향을 미칠 수 있다고 들었습니다. 승무원은 년 중 어떤 날도 어떤 시간에도 일할 수 있기 때문에 특별한 공휴일에도 일해야 할 때가 있고 중요한 가족 행사에 참석할 수 없을 수도 있습니다. 하지만 쉬는 날이나 연차 휴가에 충분히 즐길 수 있다고 생각합니다.

A3 시차 증을 겪게 된다 I think there are many advantages and I would say that they definitely outweigh the disadvantages. However, as for the disadvantages, I understand that people can be tired from crossing different time zones which causes jet lag. If I work as a flight attendant, I should take care of myself to avoid some of the effects of jet lag by doing exercise and taking enough rest before and after the flight for myself and my duties.

단점들을 확실히 능가하는 많은 장점이 있다고 생각합니다. 하지만 단점으로는 시차증을 유발하는 다른 시간대를 비행하는 것이 피곤할 수 있다고 생각합니다. 제가 승무원으로 일한다면, 저는 저 자신과 제 임무를 위해서 운동과 비행 전후의 충분한 휴식을 취함으로써 시차증의 영향을 피할 수 있도록 잘 관리 하도록 하겠습니다.

A4 다른 문화 때문에 오는 어려움이 있다 Cabin crew might have the cultural differences to deal with. Even if they face a shocking situation they should deal with it with a smile. I think that's what a professional cabin crew is supposed to do no matter what comes up. But with plenty of research I don't expect many surprises and maybe I will be familiar with most of them soon.

승무원은 문화적 차이에 대해 대처해야 할 수도 있을 것 같습니다. 만약 충격적인 상황에 직면하더라고 미소로 잘 대응해야 한다고 생각합니다. 무슨 일이 생기더라도 프로다운 승무원으로서 해야 하는 것이라고 생각합니다. 하지만 충분히 공부한다면 놀랄 일이 많이 없으리라 생각하고, 금방 모든 것에 익숙해질 것이라고 생각합니다.

A5 승무원 일이 쉽지 않다는 것을 알고 있고 불규칙한 스케줄로 일해야 한다 I understand that working as cabin crew is not easy as they have to deal with many passengers with different background and cultures. They also have to work with irregular monthly schedules. But I know that everything has its perks and drawbacks. For the perks, I'll try to enjoy as much as I can and I will try to reduce the negative aspects as much as possible.

승무원으로 일하는 것은 다른 배경과 문화에서 온 많은 사람을 대해야 할 때 쉽지는 않은 일이라는 것을 알고 있습니다. 또한, 매달 불규칙한 스케줄로 일을 해야 합니다. 하지만 모든 것에는 장단점이 있다고 생각합니다. 장점으로 만들기 위해 제가 할 수 있는 한 최대한으로 즐길 것이며, 부정적인 측면들을 가능한 한 많이 줄일 수 있도록 노력할 것입니다.

→ Q: How will you reduce the negative aspects?
단점을 어떻게 최소화하겠습니까?

A: I think I should learn about the flights and different cultures to have a better understanding. And, to keep a good physical condition I will take care of myself by exercising and taking enough rest before and after the flights.
저는 더 많은 이해를 돕기 위해 비행기와 다른 문화에 대해 배워야 한다고 생각합니다. 그리고 항상 좋은 신체적 상태를 유지하기 위해서 비행 전과 후에 충분한 휴식을 취하고 운동으로 저를 관리할 것입니다.

You

Chapter 14
Motivation & Qualification
지원동기 & 자질

Chapter. 14

14 Motivation & Qualification

지원동기& 자질

Questions

144. Why are you interested in becoming a cabin crew/flight attendant?

왜 승무원이 되고 싶나요?

145. What do you like the most about cabin crew/this position?

승무원이란 직업에 대해서 무엇이 가장 좋은가요?

146. Why do you believe that you are qualified to become a cabin crew? /Tell me about your qualifications to work as a flight attendant in our airline.

본인이 승무원에 맞는다고 생각하는 자질은 무엇인가요?

147. Why should we hire you?

왜 우리가 당신을 뽑아야 하나요?

148. What do you think are important attributes of a cabin crew?

승무원에게 가장 중요한 자질이 무엇이라고 생각하나요?

149. What can you do for us? / How will you contribute to this company?

우리 회사를 위해 본인이 이바지할 수 있는 것은 무엇인가요?

150. What efforts did you make to work as a flight attendant?

승무원이 되기 위해 어떤 노력을 했나요?

151. Do you agree that the ability to speak English is important to work as a flight attendant?

승무원이 되는데 영어가 중요한 자질이라고 생각하나요?

152. If you were accepted for this job, you would be required to work with mostly female/other nationalities. Do you see any potential problem for you?

승무원이 되면 대부분 여자 동료와/다른 국적의 동료와 근무를 하게 됩니다. 문제가 있나요?

153. This job sometimes requires long hours. Will this be a problem for you?

승무원을 하게 되면 장시간 근무도 해야 합니다. 문제가 있나요?

154. What personal characteristics do you think will be needed to be a success in this position?

승무원직에서 성공하려면 어떤 성격이 필요하다고 생각하나요?

155. Don't you think you are a little young to be working in this position?

승무원 하기에 나이가 어리다고 생각하지 않으세요?

156. You haven't worked in years. What makes you think you are ready to work in our company?

몇 년간 일을 하지 않으셨네요. 왜 우리 회사에서 일할 준비가 되어 있다고 생각하나요?

157. I see that in your work history that you frequently changed jobs. What would make you stay here different?

직업을 자주 바꾸셨네요. 왜 이번에는 오래 근무할 거라고 생각하나요?

158. What do think of the airline job interview?

항공사 면접에 대해 어떻게 생각하나요?

159. What will you do if this position is not offered to you?

만약 이번에 합격하지 않는다면 어떻게 할 건가요?

144. Why do you want to work as cabin crew? Why are you interested in becoming a cabin crew/flight attendant?

왜 승무원이 되고 싶나요?

TIP

가장 많이 하는 질문 중 하나이다. 반드시 준비해야 하는 질문이다. 직업에 대한 개념을 알 수 있는 질문이라 생각하기 때문에 자주 질문한다. 면접관이 cabin crew로 질문하면 cabin crew로 사용하고 flight attendant로 사용하면 같은 단어를 사용하여 답변하는 것이 더 효과적이다.

이 답변 또한 승무원의 장점만 늘어놓으면서(예: 공짜 여행, 급여 등등) 답변하는 수다가 되어서는 안 되며 프로페셔널 한 답변으로 준비한다. 왜 승무원이 되고 싶냐는 단순한 질문으로 들릴 수도 있지만, 이 질문에 대한 답변으로는 지원자들의 적성이나 이 직업에 대한 열정까지 읽을 수 있다. 더 나가서 지원하는 회사에 대한 열정까지 덧붙여 답변에 넣어주면 효과가 훨씬 더 크다.

위에서 공짜 여행에 대해 언급을 했다. 승무원이란 직업이 여행 이야기를 빼놓을 수 없다. 하지만 답변할 때 "여행을 좋아해서 승무원이 하고 싶다."고만 답변한다면 이 지원자가 승무원에 적합한지 아닌지 알 수 없고, 여행만 좋아하는 사람으로 들릴 가능성이 높다. 물론, 승무원은 여행하는 직업이긴 하나 친절하지 않고 서비스에 맞지 않는 사람 중에서도 여행 좋아하는 사람은 많이 있다.

다음에 있는 예시들 중에 본인에게 해당하고 면접관이 꼬리 질문을 하여도 답변할 수 있는 내용으로 2~3개 정도 골라서 잘 조합하여 답변을 만들어보자. 본인의 적성이나 승무원으로서의 발전, 커리어로서의 비전 등과 같은 건설적인 답변들을 한번 고려해보자.

*** 주의할 점** 아무리 영어를 잘한다고 하더라도 이 질문에 대해 너무나 사적인 답변을 늘어놓는다면 면접관으로서는 별로 관심이 가지 않는다. 필자도 승무원을 해 보았고 지원자들이 왜 승무원을 원하는지 마음은 당연히 이해한다. 하지만 면접인데도 불구하고 친구들과 수다 떠는 것과 같은 캐주얼한 답변은 하지 않는다. 한 동남아 메이저 항공사 면접 중 지원자들에게 이 질문을 했다. 물론, 이 항공사뿐 아니라 면접 볼 때마다 이런 질문을 한다.

외국에서 대학을 졸업한 영어가 아주 유창한 지원자가 있었다. 이 질문에 대해 그녀는 "외국인(foreigner)들을 많이 만나고 싶고 파티도 많이 하고 싶고 세계 여행을 하고 싶다."라고 답변했다. 여기 답변 중 외국인(foreigner)들을 만나고 싶다는 얘기는 다양한 사람들을 많이 만나보고 싶다는 의미랑은 또 다르게 들릴 수 있다. 그래서 필자가 "왜 외국인들을 만나고 싶으냐?"라고 질문했더니 그 지원자는 "성격이 개방적이고 활달해서 한국 사람들보단 외국인들이 더 편하게 느껴진다."라고 답변했다. 우리가 반드시 알아야 할 점은 외국 항공사 중엔 한국 노선 때문에 한국인을 채용하는 경우가 많다. 그리고 한국노선 때문에만 채용하는 것이 아니더라도 당연히 한국에 대한 사람과 문화의 이해를 원하는 경우가 대부분이다. 비록 이 지원자의 영어실력은 가장 유창했는지 몰라도, 영어실력 외엔 항공사에서 원하는 승무원의 이미지를 찾기 어려웠다.

1 한국의 좋은 인상을 주고 싶다 I would love to give the best service to everyone I meet and give a great impression of Korea.

저는 제가 만나는 모든 사람에게 최상의 서비스를 하고 싶고 한국의 좋은 인상을 주고 싶습니다.

2 커리어로서 성장할 기회가 더 많다 I think the job of cabin crew offers bigger room for growth and career development opportunities.

승무원이라는 직업은 성장과 경력 발전 기회가 많다고 생각합니다.

3 다양한 사람을 만나는 것을 좋아한다 I love meeting individuals from all walks of life. Exploring different cultures is also a wonderful aspect of working as cabin crew.

저는 각계각층의 사람들을 만나는 것을 좋아합니다. 다른 문화를 경험하는 것 또한 승무원으로 일하는 데 있어 멋진 측면입니다.

4 팀으로 일하는 환경을 좋아한다 I love to help people and I want to be a part of a team. I want to work with many co-workers in a team-oriented environment.

저는 사람들을 도와주는 것을 좋아하고 팀원으로 일하는 것을 좋아합니다. 많은 동료와 함께 팀 중심 업무 환경에서 일하고 싶습니다.

5 내 서비스 분야 경험과 외국어 능력을 발휘할 수 있는 일이다 I think the position of a cabin crew is the job/profession which I can make full use of my various experiences in the service field and my English/Chinese/Japanese ability.

승무원의 직책은 서비스 분야에서 다양한 경험과 저의 영어/중국어/일어의 능력을 충분히 발휘할 수 있는 직업이라고 생각합니다.

6 세상 모든 사람과의 교류를 좋아한다 I enjoy interacting with people from all over the world. It can be very interesting and I think I can learn many different things from each one.

저는 전 세계에서 온 사람들과 교류하는 것을 좋아합니다. 이는 매우 흥미로운 일이라 생각하며 사람들로부터 많은 것들을 배울 수 있다고 생각합니다.

7 지식을 쌓을 수 있는 좋은 방법이다 I'd like to become a cabin crew in your airline because this is a good way for me to improve/develope my knowledge and skills.

저는 저의 지식과 기술을 향상/발전시키기에 좋은 방법이라고 생각하기 때문에 귀사의 승무원이 되기를 희망합니다.

8 **다른 나라 승객과 동료와의 교류를 가져다줄 수 있다** Working as cabin crew will have a great opportunity to interact with many co-workers and passengers who come from diverse country.

승무원으로 일하는 것은 다양한 나라에서 온 많은 동료와 승객들과 함께 교류하는 훌륭한 기회를 갖게 해줄 것입니다.

9 **새롭고 흥미로운 도전이 될 것이다** I think this position is a very glamourous and a challenging job. This job brings new challenges everyday such as meeting different passengers and never working with the same people.

이 직업은 매우 매력적이고 도전적인 일이라고 생각합니다. 이 일은 매번 다른 승객들을 만나는 것이라든지 매번 다른 사람들과 일을 한다는 것과 같이 매일 새로운 도전을 가져다줍니다.

10 **사람들을 만나고 도와주는 것을 좋아한다** I have always enjoyed meeting people and helping them and I see this as a career in which I can do both. Also I see this as an opportunity to utilize what I learned and experienced in the past.

저는 항상 사람들을 만나고 도와주는 것을 좋아하고, 이 일은 제가 둘 다 잘할 수 있는 부분이라고 생각합니다. 또한, 제가 과거에 배우고 경험했던 것을 잘 활용할 수 있는 기회가 될 수 있다고 생각합니다.

11 **사람들에게 도움을 주는 일은 의미 있는 기여라고 생각한다** I'd like to become a cabin crew member because I love being of help to people. I believe it is a very meaningful and special profession.

저는 사람들에게 도움이 되는 것을 좋아하기 때문에 승무원이 되고 싶습니다. 저는 승무원이 매우 의미 있고 특별한 직업이라고 생각합니다.

12 **지원하는 항공사를 이용하면서 승무원이란 직업에 대한 지원 동기가 생겼다** It has been my dream and ambition to be a member of your team since I was on board in your airline. I was highly impressed by the dedication and professionalism of your crew and I was really impressed with your team work environment.

저는 귀사의 항공을 이용하면서 귀사의 일원이 되고 싶은 꿈과 희망을 품어왔습니다. 귀사 승무원의 헌신과 전문성에 굉장히 감명받았고 귀사의 팀 분위기에 정말 감동을 하였습니다.

13 **매우 보람 있는 일이라고 생각한다** I believe this job would offer me a lot of emotionally rewarding experiences when I offer passengers great help and service to enrich their travel experience. I think this is the job that I would be much happier doing.

저는 이 직업이 제가 승객들에게 여행 경험을 더 풍요롭게 할 수 있도록 도와주고 서비스를 제공했을 때 저에게도 굉장히 보람 있는 경험을 줄 거라고 생각합니다. 이 일이야말로 제가 하면서 훨씬 더 행복해 질 수 있는 직업이라고 생각합니다.

14 **사람들 돌보는 것을 잘하며 의미 있는 기여라고 생각한다** I'd like to work as a cabin crew because I am a people person and good at taking care of others. And, I find it as a very meaningful contribution. I believe this is something I can do well and enjoy.

저는 사람을 좋아하고 다른 사람을 잘 돌볼 수 있기 때문에 승무원으로 일하고 싶습니다. 그리고 저는 이것이 의미 있는 기여라고 생각합니다. 저는 이것이 제가 잘하고 즐길 수 있는 일이라고 생각합니다.

15 **세상을 보며 시야를 넓힐 수 있다** (Cathay pacific Airways/Emirates Airline/Qatar Airways) is one of the airlines that can offer me the great chance of meeting diverse people and seeing the world. I see this as a fine opportunity to broaden my horizon and perspective of the world that we live in.

캐세이/에미레이츠/카타르 항공사는 다양한 사람들을 만나고 세상을 볼 수 있는 훌륭한 기회를 저에게 주는 항공사입니다. 우리가 사는 세계에 대한 저의 시야와 관점을 넓힐 좋은 기회라고 생각합니다.

16 **다채로운 삶을 주며 많은 경험을 통해 성취감을 갖는 삶을 가질 것이다** I see one of the most attractive parts of working as a flight attendant is that it would offer me a colourful lifestyle. I think I will gain plenty of experience and have a fulfilling life.

승무원으로 일하는 데 가장 매력적인 부분은 저에게 다채로운 삶을 줄 수 있다는 것이라고 생각합니다. 저는 많은 경험을 얻고 충만한 삶을 갖게 될 것이라고 생각합니다.

17 **사람을 좋아하는 성격이라 즐길 수 있는 일이라고 생각한다** I'm always a people person. I love to be around many people and that's why I find it easy to interact with different types of people. I believe this position is what I can do well and enjoy.

저는 늘 사람을 좋아하는 성격입니다. 저는 많은 사람과 어울리는 것을 좋아해서 다양한 사람들과 쉽게 교류하는 법을 알고 있습니다. 이 일은 제가 잘하고 즐길 수 있는 일이라고 생각합니다.

18 **나의 교육과 능력을 활용할 수 있는 일을 원한다** I've always wanted to have a career that I can utilize my educational background and my abilities. Studying Tourism/Aviation/Aircraft Service Management at university helped me build up useful knowledge and practices.

저는 저의 교육과 능력을 활용할 수 있는 일을 하기를 늘 원했었습니다. 대학에서 관광/항공/항공운항과를 공부한 것은 유용한 지식과 활용을 할 수 있는데 도움이 되었습니다.

19 **다양한 문화와 배경을 가진 사람들을 만나고 최상의 서비스를 제공하고 싶다** I will be so excited to work as cabin crew member because this position would give me the chance to meet people from various cultures and backgrounds. I hope to give a good impression to everyone I meet and offer the best possible service to them while flying.

승무원이라는 일이 저에게 다양한 문화와 배경을 가진 사람들을 만날 기회를 주기 때문에 저는 승무원으로 근무하는 게 너무나 재미있을 것 같습니다. 저는 제가 만나는 모든 사람에게 좋은 인상을 줄 수 있도록 하고 비행하는 동안 최고의 서비스를 제공할 것입니다.

20 나의 성격을 이용할 수 있는 일을 원한다 I've always wanted to have a career that uses my personality. I can mingle well with people and work with a variety of people. I think this job would be best suited for me.

저는 저의 성격을 이용할 수 있는 일을 하기를 원합니다. 저는 사람들과 잘 섞이고 다양한 사람들과 함께 일할 수 있습니다. 이 직업이 저에게 가장 잘 맞는 것 같습니다.

21 항공사를 만드는데 승무원이 중요한 역할을 한다고 믿는다 I understand that cabin crew plays an important role in the making of an airline. I'd love to join your team because I think it has dynamic growth, rewards and it is best suited to me.

승무원은 항공사를 만드는 데 중요한 역할을 한다고 믿습니다. 저는 역동적인 성장과 보상이 있기 때문에 귀사의 팀에 합류하고 싶고 이 직업은 제게 정말 잘 맞는다고 생각합니다.

22 승무원은 다른 나라를 여행하는 직업만이 아니라 승객들을 돕는 일이다 I understand that cabin crew is not just about traveling to different countries or places. It's more about taking care of the passengers and being responsible. I think I am very god at this.

승무원은 단지 다른 나라와 장소를 여행하는 것이 아니라고 알고 있습니다. 오히려 승객들을 보살피고 책임감을 가져야 하는 일입니다. 저는 제가 이런 일을 잘한다고 생각합니다.

〈Sample Answers〉

A1 I understand that being a cabin crew is not just about traveling to different countries. It's more about taking care of the passengers and being responsible. I think I am very good at this. Most of all, I believe this job would give me a lot of emotionally rewarding experiences while I offer passengers great help and service to enjoy their travel experience. I think this job would be best suited for me.

승무원은 단지 다른 나라를 여행하는 것만이 아니라는 걸 알고 있습니다. 오히려 승객들을 보살피고 책임감을 가져야 하는 일입니다. 저는 제가 이런 일을 잘한다고 생각합니다. 무엇보다도 저는 승객들에게 여행 경험을 즐길 수 있는 도움과 서비스를 제공했을 때 저에게도 굉장히 보람 있는 경험이 될 거라 생각합니다. 이 직업이 저에게 가장 잘 맞는 것 같습니다.

A2 I see one of the most attractive parts of working as a flight attendant is that it offers me a colourful lifestyle. Meeting people from various backgrounds, building a friendship with different types of co–workers on the job and experiencing interesting cultures in person would be so exciting to me. I think I will gain plenty of experience and have a fulfilling life.

승무원으로 일하는 데 가장 매력적인 부분은 저에게 다채로운 삶을 줄 수 있다는 것이라고 생각합니다. 다양한 배경의 사람들을 만나고 다른 스타일의 동료와 함께 우정을 쌓고 흥미로운 문화를 직접 경험하는 것은 제게 매우 신 나는 것입니다. 저는 많은 경험을 얻고 충만한 삶을 영위하게 될 것이라고 생각합니다.

A3 It has been my dream and ambition to be a member of your airline since I was on board in your airline. The service made me feel at home and the attendants' smiles made me want to be one of them. And most of all, they seemed to enjoy working together and supporting each other. I was really impressed with your team work environment. That's why I'd love to join your team. I have a great passion about this position and strong interest in becoming a member of your company.

저는 귀사를 이용하면서 귀사의 일원이 되고 싶은 꿈과 희망을 품어왔습니다. 서비스는 저를 편안하게 만들어 주었고 승무원의 미소는 저도 그 팀의 일원이 되기를 희망하게 하였습니다. 무엇보다도 서로 지지해 주면서 함께 일하는 것이 즐거워 보였습니다. 저는 귀사의 팀 분위기에 정말 감동을 받았습니다. 이것이 제가 귀사의 팀의 일원이 되기를 희망하는 이유입니다. 저는 이 직업에 대해 많은 열정을 가지고 있고, 귀사의 일원이 되는 데 큰 관심을 가지고 있습니다.

A4 I would love to give the best service to everyone I meet and give a great impression of Korea. And, meeting with all kinds of people from all over the world on the job would be an exciting challenge to me. Of course, the job would not always be exciting, however I believe working as cabin crew in your airline offers the most opportunities to carry out this desire.

저는 제가 만나는 모든 사람에게 최고의 서비스를 제공하기를 원하고 한국의 깊은 인상을 주고 싶습니다. 그리고 일을 하면서 전 세계에서 온 많은 사람을 만나는 것은 제게 흥미로운 도전이 될 것입니다. 물론 일이라는 것이 항상 재미있는 것은 아니겠지만, 귀사에서 승무원으로 일하는 것은 저의 바람을 이행하는 데 최고의 기회가 될 것으로 생각합니다.

A5 I'd like to become a cabin crew because I love being of help to people. I believe it is a very meaningful profession. And, it will be so exciting for me to have the chance to meet people from various cultures and backgrounds. Most of all, I understand that a cabin crew plays an important role in the making of an airline. I think it has dynamic growth and it is best suited to me.

저는 사람들에게 도움이 되는 것을 좋아하기 때문에 승무원이 되고 싶습니다. 이것은 매우 의미 있는 직업이라고 생각합니다. 그리고 다양한 문화와 배경의 사람들을 만날 기회를 가질 수 있어서 너무 좋습니다. 무엇보다도 저는 승무원이 항공사를 만드는 데 중요한 역할을 한다는 것을 알고 있습니다. 이 일이 역동적인 성장이 있는 일이고, 제게 잘 맞는 일이라고 생각합니다.

→ Q: What makes you believe that this position suits you?
승무원이 왜 본인에게 맞는다고 생각하나요?

A: 질문 146번 참고

A6 I'd like to work as a cabin crew member because I believe this position offers me the best satisfaction and opportunity to carry out my interest/aptitude/desire and my vision. I am a people person and good at taking care of others. And, I find it as a very meaningful contribution. Most of all, I think working as a cabin crew in your airline gives me great opportunities to develop myself both personally and professionally.

이 일은 저의 관심/적성/욕구와 비전을 수행할 수 있는 최고의 만족과 기회를 주기 때문에 승무원이 되고 싶습니다. 저는 사람을 좋아하며 다른 사람을 잘 돌볼 수 있습니다. 저는 이러한 일이 의미 있는 기여라고 생각합니다. 무엇보다도 귀사의 승무원으로 일하는 것은 개인적으로나 직업적으로 모두 저 자신을 발전시킬 좋은 기회를 제공해 준다고 생각합니다.

→ Q: How do you expect to develop yourself?
본인이 어떤 발전이 될 거라 기대하나요?

A: I believe that I can learn so many things from this position. I expect to improve interpersonal and English language skills by interacting with all kinds of people from different backgrounds. And I believe that seeing the world would make me become a more international/global person.
저는 이 일을 통해 많은 것을 배울 수 있다고 믿습니다. 다른 배경을 가진 다양한 사람들과의 교류를 통해 대인관계와 영어 실력이 향상될 거라 기대합니다. 그리고 세상을 봄으로써 더 국제적/글로벌한 사람이 될 거라 생각합니다.

A7 I'd like to work in this position because I am curious about other countries and love to experience and learn about different cultures and people. And, I know that a cabin crew member has to meet and deal with many different kinds of people on the job. With my bright and sociable personality, I would enjoy this aspect of the job. Also, I love to learn and experience new things, which is why this is a very attractive job to me.

저는 다른 나라에 대해 호기심이 많고 다른 문화와 사람들에 대해 경험하고 배우는 것을 좋아하기 때문에 이 일을 하고 싶습니다. 그리고 승무원은 다양한 사람들을 대하고 만나야 한다는 것을 알고 있습니다. 밝고 다정한 성격이기 때문에 저는 이 직업의 이러한 면에서 즐길 수 있다고 생각합니다. 또한, 저는 새로운 것을 배우고 경험하는 것을 좋아하는데, 이 일은 제게 매우 매력적으로 느껴집니다.

A8 I'd like to work as a cabin crew because I am a people person and am good at taking care of others. And I find it as a meaningful contribution to society. And, I have a strong interest in having a career that brings me in contact with many people with international backgrounds. In addition, I've always wanted to have a job that I can use my language skills such as English and Chinese.

저는 사람을 좋아하며 다른 사람들 보살피는 것을 잘하기 때문에 승무원이 되고 싶습니다. 저는 이러한 일이 사회에 의미 있는 일 이라고 생각 합니다. 그리고 저는 국제적인 배경을 가진 많은 사람과 접할 수 있는 일에 큰 관심이 있습니다. 또한, 저는 영어나 중국어 같은 저의 언어 능력을 사용할 수 있는 일을 하기를 항상 원했었습니다.

A9 I'd like to utilize what I have learned and experienced. I have studied English very hard and gained a great deal of knowledge of customer service to work for your airline. And to meet with all kinds of people from all over the world would be an exciting challenge to me. Of course, the job would not always be exciting, however I believe working as a flight attendant in your airline offers the most opportunities to carry out this desire.

저는 제가 배워왔고 경험해 왔던 것을 활용하고 싶습니다. 저는 귀사에서 일하기 위해 열심히 영어 공부해왔고 고객 서비스에 관한 지식도 아주 많이 습득했습니다. 그리고 전 세계에서 온 많은 사람을 만나는 것은 저에게 매우 흥미로운 도전이 될 것입니다. 물론, 이 일이라는 것이 항상 재미있진 않겠지만, 귀사에서 승무원으로 일하는 것은 저의 이러한 바람을 수행하는 데 최고의 기회를 준다고 생각합니다.

A10 I like work that allows me to come in contact with any people of different backgrounds. I also like to work in the field that provides me make a good use of my service oriented personality. Most of all, I hope to give a good impression to everyone I meet and offer the best possible service to them while flying in your airline. I think this job would offer me a lo of emotionally rewarding and fulfilling experiences.

저는 다양한 배경의 사람들과 교류를 가져다주는 일을 좋아합니다. 저는 또한 서비스 지향적인 성격을 잘 활용할 수 있는 일을 하고 싶습니다. 무엇보다도 저는 귀사에서 제가 만나는 모든 사람에게 좋은 인상을 주기를 바라고 승객들에게 최고의 서비스를 제공하고 싶습니다. 이 일은 제게 많은 보람과 충만한 경험을 가져다줄 것이라 생각합니다.

A11 I am very interested in this position because I'm the kind of a person who enjoys experiencing and learning about different people and cultures. I am also flexible in relationships to others and in associating with other cultures. I'm proud of myself for this reason. Since a cabin crew's job needs people skills, this aspect of myself may be useful. Most of all, I love to help people and I want to be part of a team. I want to work with many co-workers in a team-oriented environment.

저는 다른 문화와 사람들에 대해 경험하고 배우는 것을 즐기는 사람이기 때문에 이 일에 많은 관심이 있습니다. 저는 또한 다른 사람들과 관계에서 융통성이 가지고 있고 다른 문화에 대해 잘 수용할 수 있습니다. 이러한 이유로 저 자신이 자랑스럽습니다. 승무원의 일이 사람을 대하는 기술이 필요하다고 하기에 저 자신이 이러한 면에서는 유용할 것으로 생각합니다. 무엇보다도 저는 사람들을 도와주는 것을 좋아하고 팀의 일원이 되고 싶습니다. 저는 많은 동료와 함께 팀 중심의 업무 환경에서 일하고 싶습니다.

You

145. What do you like the most about cabin crew/this position?

승무원이란 직업에 대해서 무엇이 가장 좋은가요?

TIP

승무원의 장점과도 비슷한 질문이다. 승무원의 장점을 준비했다면 응용해 보도록 한다. 외부적인 조건이나 특혜를 이야기하는 것보단 나의 성격적인 면이 승무원에 적합하다는 것을 어필해도 좋은 답변이 될 수 있다.

A1 I love to learn many new things from my new environment and my co-workers as well. I enjoy meeting and working with many different people who are from many countries. I think these are the best parts.

저는 동료들뿐만 아니라 새로운 환경으로부터 많은 것들을 배우는 것을 좋아합니다. 저는 다른 나라에서 온 많은 사람과 함께 일하고 만나는 것을 즐거워합니다. 이러한 면들이 가장 좋은 것이라고 생각합니다.

A2 Since I am a very outgoing and sociable person I like the time that I can devote to my customers. I enjoy meeting and having time with people and people tell me that I am a very comfortable person to talk to.

저는 매우 외향적이고 사교적인 사람이기 때문에 승객들에게 봉사할 수 있는 시간을 좋아합니다. 저는 사람들과 함께 시간을 보내고 만나는 것을 즐기고 사람들은 제게 함께 대화하기에 매우 편안한 사람이라고 말을 합니다.

A3 Learning and developing myself are what I like the most about this job. I believe that this job would offer me a great opportunity to improve my interpersonal and English language skills by interacting with all kinds of people from all over the world. While this job can be hard work sometimes, I believe I can learn so many things from this work and my ability would offer me with a great career opportunities.

배울수 있고 제 자신이 발전 할 수 있다는 것이 이 직업에서 가장 맘에 드는 부분입니다. 이 일은 전 세계에서 온 많은 사람과 함께 교류하면서 대인관계 기술과 영어 실력을 향상시킬 수 있는 좋은 경험을 줄 것입니다. 때론 이 일이 힘든 일일 수도 있지만, 저는 이 일을 통해서 많은 것을 배울 수 있을 것이고 저의 능력은 훌륭한 경력의 기회를 줄 것이라고 믿습니다.

You

146. Why do you believe that you are qualified to become a cabin crew? Tell me about your qualifications to work as a flight attendant in our airline.

본인이 승무원에 맞는다고 생각하는 자질은 무엇인가요?

TIP

우리는 많은 자질을 가지고 있다. 하지만 우리가 가지고 있는 많은 장점과 스킬 중에서 승무원 직무에 맞는 것을 정리해본다. 강인한 체력, 팀워크 정신, 성격적인 장점, 서비스직 경력, 외국어 실력 등이 포함된다. 면접관은 이력서를 통해 여러분의 자질을 충분히 추측할 수 있다. 하지만 지원자의 입으로 직접 이야기 듣는 것을 더 진짜라고 생각하고 평가하는 경향이 있다. 다음 많은 예문 중 본인에게 가장 강하다고 생각하는 자질들을 가지고 답변을 정리해보자. 단, 꼬리 질문으로 이어질 때도 답변할 수 있도록 준비한다. 지원하는 항공사의 특성을 잘 고려하여 더 효과적인 답변을 준비해 보자. 본인을 알릴 수 있는 가장 좋은 기회이다. 자신 있게 답변하도록 한다.

| 첫 문장으로 사용하기 유용한 표현 |

- I believe I have the qualifications and skills to be cabin crew in your airline.
  저는 귀사에서 승무원으로 근무 할 수 있는 자격과 기술을 갖추고 있다고 생각합니다.

- I feel very strong about becoming a cabin crew for the following reasons.
  저는 아래와 같은 이유로 승무원이 꼭 되고 싶습니다.

- I believe that I am the right person your company is looking for.
  저는 귀사가 찾고 있는 사람이라고 생각합니다.

- I am confident to say that I'm a good fit for this position.
  저는 이 일에 저에게 아주 잘 맞는다고 자신 있게 말할 수 있습니다.

1 건강 I'm very healthy and I have the ability to work long hours. I have a lot of confidence in my health and special skills to cope with job related stress.

저는 매우 건강하고 장시간 근무할 수 있습니다. 저는 건강에 자신이 있고 업무 관련해서 받는 스트레스를 극복할 수 있는 능력을 갖추고 있습니다.

2 유쾌한 성격과 좋은 매너 I believe I have a pleasant personality and have acquired

the art of presenting myself in a good manner.

저는 유쾌한 성격을 지니고 있고 예의 바르게 저 자신을 표현하는 기술을 습득했습니다.

3 배려심 I think I am a very considerate and service oriented person. I always tend to put others before me and understand the needs of others.

저는 매우 배려 있고 서비스 지향적인 사람이라고 생각합니다. 저는 항상 다른 사람의 입장을 먼저 생각하고 다른 사람들의 필요 사항들을 잘 이해합니다.

4 다른 사람들과 잘 어울림 I am a great mingler with all different types of people and generations. It's very easy for me to make new friends and get along with them.

저는 다양한 스타일과 연령대의 모든 사람과 잘 섞입니다. 새로운 친구를 사귀는 것은 제게 너무 쉬운 일이며, 그 사람들과 잘 어울립니다.

5 다른 사람들과 아주 잘 어울리고 그룹으로 일할 때 동료를 잘 도와줌 I have the ability to get along extremely well with other people and a willingness to help co-workers when working in a group.

저는 다른 사람과 정말 잘 어울릴 수 있고 함께 팀으로 일할 때 기꺼이 동료를 도와줍니다.

6 변화에 잘 적응하는 융통성 I am very flexible and ready to adapt to the ever changing routine/schedule and will not let this affect my job.

저는 매우 융통성이 있고 수시로 바뀌는 스케줄에 적응할 준비가 되어 있으며 일에 지장이 없도록 할 것입니다.

7 사람들이 필요로 하는 것을 빨리 알아차림 I enjoy interacting with other people and catching their needs is second nature to me.

저는 다른 사람들과 교류하는 것을 즐기고 다른 사람들의 요구 사항을 알아차리는 것은 저의 제2의 천성입니다.

8 독립적이고 무엇을 하든 적극적으로 함 I'm independent and initiative in overtaking tasks.

저는 임무를 수행하는 데 독립적이고 적극적입니다.

9 긍정적이고 융통성 있음 I am positive and flexible. I understand that there might be many unexpected situations on board. I believe having the positive attitude will help me approach every situation more favorably.

저는 긍정적이고 융통성이 있습니다. 저는 항공사에서는 예기치 못한 상황들이 많이 일어날 수 있다는 것을 잘 인지하고 있습니다. 저는 긍정적인 태도를 갖는 것은 모든 상황을 더 호의적으로 접근할 수 있도록 도와

준다고 믿습니다.

10 인내심이 강하고 이해심이 좋음 I am very patient and understanding. I understand that cabin crews meet all kinds of people with differing expectations. To deal with this, I think I should remain calm and understand passengers.

저는 매우 인내심이 강하고 이해심이 많습니다. 승무원들은 다른 기대들을 가진 많은 사람을 만난다고 알고 있습니다. 이러한 것을 대처하기 위해서 저는 침착해야 하고 승객들을 이해해야 한다고 생각합니다.

11 친절함, 고객 서비스 분야에 열정이 많음 I am very friendly so people do not hesitate in approaching me and asking for my help. Moreover, I am very enthusiastic about what I am doing when working in the customer service field so the customers feel comfortable in my hands.

저는 정말 친절해서 사람들이 저에게 도움을 요청하는 데 주저함이 없습니다. 또한, 저는 고객 서비스 분야에서 일할 때 매우 열정을 가지고 일을 하여서 고객들은 제 서비스에 편안함을 느낍니다.

12 해외경험이 많아 다른 문화나 배경이 다른 사람들과의 교류에도 편안함 I have many international experiences living in and travelling to many countries. These experiences make me feel very comfortable interacting with people from various nationalities and backgrounds.

저는 많은 나라를 여행하고 살았던 국제적인 경험들이 많이 있습니다. 이러한 경험들은 다양한 국적과 배경에서 온 사람들과 교류하는데 매우 편안하게 느끼게 해 줍니다.

13 3년간 간호사로 근무해서 위급한 상황에도 침착할 수 있음 I've been working as a nurse for 3 years. I have an ability to remain calm and take charge of a situation during emergencies or unforeseen events that may happen during the course of the flight.

저는 간호사로 3년간 근무를 했었습니다. 비행하는 도중에 발생할 수도 있는 비상상황이나 예측하지 못한 사건들을 침착하고 책임감 있게 대처할 수 있는 능력이 있습니다.

14 단체 활동을 잘함 I am a good team player who can work with different types of people without any difficulty and is easy to work with. In fact, I have had many opportunities working in a team in my university days and my previous work. I am able to work quickly and efficiently when working in a group.

저는 어떤 어려움 없이 다양한 스타일의 사람들과 함께 일할 수 있는 좋은 팀의 일원이고 함께 일하기에 편안한 사람입니다. 사실, 저는 대학 시절과 전 직장에서 팀으로 일할 기회가 많았습니다. 저는 팀으로 일할 때 빠르고 효과적으로 일할 수 있습니다.

15 '고객 만족'에 대한 이해가 좋음 I think I have a clear understanding of 'customer satisfaction' as I have worked and practiced for many years in the customer service field. I enjoy helping and making others feel comfortable and I think I am very good at it.

저는 고객 서비스 분야에서 수년간 일하고 실습했었기 때문에 '고객 만족'에 대해 명확하게 이해를 하고 있습니다. 다른 사람들을 도와주고 편안하게 해주는 것을 좋아하고, 제가 생각해도 아주 잘할 수 있다고 생각합니다.

16 의사소통능력과 대인관계 능력이 좋음 Working in the customer service field for more than 3 years really helped me build up better communication and interpersonal skills. I work very well with all kinds of people. (/and understand that everyone has different views/perspectives about work tasks. So when I work with others I always communicate positively)

3년 넘게 고객 서비스 분야에서 일한 것은 소통과 대인관계 기술을 향상 시키는 데 도움이 많이 되었다고 생각합니다. 저는 모든 사람과 함께 일을 잘할 수 있습니다. (그리고 모든 사람들은 업무에 대해 다른 견해/관점을 가지고 있다고 이해합니다. 그래서 다른 사람들과 함께 일할 때 저는 항상 긍정적으로 소통합니다.)

17 외국어 능력 My English and Chinese/Japanese speaking ability is one of my qualifications to work as a cabin crew. I can provide efficient service to passengers who speak English and Chinese/Japanese.

저의 영어와 중국어/일어 회화 실력은 승무원으로 일하는 데 좋은 자질 중의 하나입니다. 저는 영어와 중국어/일어를 하는 승객들에게 효과적인 서비스를 제공해 드릴 수 있습니다.

| 마무리하기 유용한 표현 |

- I am very confident about this position.
  저는 이 일에 대해 정말 자신 있습니다.

- I believe that I will be an asset to your company.
  저는 귀사의 자산이 되리라 믿습니다.

- So I'm confident I'll be the best candidate for this position.
  그래서 저는 이 일에 최고의 후보자라고 자신합니다.

- I am ready to provide to this company the customer service that will keep the passengers satisfied.
  저는 승객들이 지속적으로 만족할 수 있는 고객 서비스를 귀사에 제공할 준비가 되어있습니다.

- I am very passionate about this work and I'll always keep studying to become a great cabin crew if I'm hired by your airline.

저는 이 일에 대해 정말로 열정적이며, 제가 귀사에 입사하게 된다면 훌륭한 승무원이 되기 위해 항상 지속해서 공부할 것입니다.

- I am reliable and will always be here whenever the company needs my services. I look forward to being a part of your company.

  저는 믿을 수 있는 사람이고 회사가 제 서비스를 필요로 할 때면 언제나 함께 할 것입니다. 귀사의 일원이 되기를 고대합니다.

- Most of all, I'm very excited and passionate about this position and will always give my 100%.

  무엇보다도, 저는 이 일에 매우 흥미가 있고 열정적이며 항상 100%를 다할 것입니다.

〈Sample Answers〉

A1 I believe I have the qualifications and skills to be cabin crew in your airline. I understand that the work of cabin crew requires physical strength. In this regard, I have a lot of confidence in my health. I am also very good at taking care of people and associating with different cultures. Since this position needs people skills, this aspect of myself will be useful. I am very confident about this position.

저는 귀사에서 승무원으로 근무할 수 있는 자격과 기술을 갖추고 있다고 생각합니다. 승무원의 업무는 신체적인 강인함이 요구된다는 것을 잘 알고 있습니다. 이러한 점에서, 저는 건강에 매우 자신감을 가지고 있습니다. 저는 다른 사람들을 보살피는데 매우 능숙하고 다른 문화에 잘 적응할 수 있습니다. 이 일이 사람을 다루는 기술을 요구하기 때문에 저의 이런 면은 매우 유용할 것이라 생각합니다. 저는 이 일에 대해 정말 자신 있습니다.

A2 I feel very strong about becoming a cabin crew for the following reasons. First of all, I can mingle well with people and this skill enables me get along with a variety of people and be a good team player. In fact, I have had many opportunities working in a team in my university days and my previous work. And, I think my adaptability to any circumstances and my physical strength are also good qualities in me. And plus, I can speak English and Chinese fluently to communicate and serve foreign passengers. I believe that I will be an asset to your company.

저는 아래와 같은 이유로 승무원이 꼭 되고 싶습니다. 우선, 저는 사람들과 잘 섞이고 이러한 기술은 다양한 사람들과 잘 어울릴 수 있게 해 주고 팀의 훌륭한 일원이 되게 해 줍니다. 사실, 저는 대학 시절과 전 직장에서 팀으로 일하는 기회를 많이 가졌습니다. 그리고 어떤 환경에서도 적응하는 능력과 신체적 강인함은 제가 가지고 있는 훌륭한 자격이라고 생각합니다. 게다가, 저는 외국 승객들에게 소통하고 서비스할 수 있게 유창하게 영어와 중국어를 구사할 수 있습니다. 저는 귀사의 자산이 될 것이라 믿습니다.

A3 I am confident to say that I'm a good fit for this position. I'm very healthy and I have the ability to work long hours. I am positive, friendly and good with people. I believe having the positive attitude will help me approach every situation more favorably. And hopefully, my work experience in the service field will be helpful to serve and take care of the passengers in-flight. I am very passionate about this work and I'll always keep studying to become a great cabin crew if I'm hired by your airline.

저는 이 일이 저에게 아주 잘 맞는다고 자신 있게 말할 수 있습니다. 저는 매우 건강하고 장시간 근무할 수 있습니다. 저는 긍정적이고 다정하며 사람들과 잘 어울립니다. 저는 긍정적인 태도를 갖는 것은 모든 상황을 더 호의적으로 접근할 수 있도록 도와준다고 믿습니다. 그리고 바라건대, 서비스 분야에서 일한 저의 경험이 기내에서 서비스하고 승객들을 보살피는 데 도움이 되었으면 좋겠습니다. 저는 이 일에 많은 열정을 가지고 있고 제가 귀사에 고용된다면 훌륭한 승무원이 되기 위해 항상 지속적으로 공부를 할 것입니다.

You

147. Why should we hire you?

왜 우리가 당신을 뽑아야 하나요?

TIP

준비한 자격요건하고 비슷한 질문이다. 하지만 이러저러한 이유로 뽑아야 한다고 조금 더 적극적으로 답변하며, 승무원으로서의 포부를 이야기하며 마무리해본다. 다음 샘플들 중에 본인의 이야기에 해당하는 것을 참고하여 답변을 만들어 본다. 지원자들 누구나 다 승무원이 되고 싶어서 지원은 했지만, 이러한 질문을 했을 때 면접관에게 어필하는 사람은 그다지 많지 않다. 파이널 면접에서 마지막에 많이 주어지는 질문이다.

| 답변 만들기 샘플 |

다음 중 하나만 선택하여 시작한다.

1. 시작 문장

- You should hire me because I believe that I will be a valuable asset to your company.
  저는 귀사에 가치 있는 자산이 될 수 있기 때문에 저를 채용하셔야 합니다.

- You should hire me because I believe that I am the right person your company is looking for.
  저는 귀사가 찾고 있는 사람이기 때문에 저를 고용하셔야 합니다.

- You should hire me because I have the skills to fill this position.
  저는 이 일을 할 수 있는 능력을 갖추었기 때문에 저를 고용하셔야 합니다.

- I am ready to provide to this company the customer service that will keep the passengers satisfied.
  저는 승객들을 지속적으로 만족시키는 고객 서비스를 이 회사에 제공할 준비가 되어있습니다.

- You should hire me because I have an excellent experience and extensive background in the customer service field.
  저는 고객 서비스 분야에서 훌륭한 경험과 굉장히 광범위한 배경을 가지고 있기 때문에 저를 고용하셔야 합니다.

- You should hire me because I believe I have the qualifications and skills to be cabin crew in your airline.
  저는 귀사에서 승무원으로 근무할 수 있는 자격과 기술을 갖추고 있다고 생각하기에 저를 채용하셔야 합니다.

- You should hire me because I have the personality and the requirements for this position and I feel I will add a certain quality to this job.

저는 이 일에 적합한 성격과 자격요건을 가지고 있고 이 일에 확실한 품격을 높일 것으로 생각하기 때문에 저를 고용하셔야 합니다.

2. 본인의 자격 – Summary

3. 마무리 및 포부

- I am very confident about this position.
  저는 이 일에 정말 자신 있습니다.

- Most of all, I'm very passionate about this position and the company and will always give my 100%.
  무엇보다도 저는 이 일과 회사에 열정을 가지고 있으며 항상 저의 100%를 발휘하겠습니다.

- I will always give my best to meet and exceed your expectations.
  저는 귀사의 기대에 부응하고 그 이상 할 수 있도록 온 힘을 다할 것입니다.

- I want to be part of this company and I believe that I would be a valuable asset to it.
  저는 이 회사의 일원이 되고 싶고 소중한 자산이 될 것이라 믿습니다.

- Most of all, I am reliable and will always be here whenever the company needs my services. I look forward to being a part of this company.
  무엇보다도, 저는 믿을 수 있는 사람이고 회사가 저의 서비스가 필요로 할 때면 언제나 함께 할 것입니다. 저는 이 회사의 일원이 되기를 고대하고 있습니다.

- I believe my work experience, personality, and my passion combined make me a wonderful part of a team, as well as a valuable asset to the company.
  저의 경력, 성격 그리고 열정이 합쳐져 귀사의 소중한 자산이 되는 것뿐만 아니라 팀의 훌륭한 일원이 되리라 굳게 믿습니다.

- I believe my skills and abilities matches perfectly with the requirement and what makes me a unique candidate is my passion for this job.
  저의 기술과 능력은 자격요건에 완벽하게 맞고 저를 유력한 지원자로 만드는 것은 바로 이 일에 대한 저의 열정이라고 생각합니다.

〈Sample Answers〉

A1 You should hire me because I believe I have the qualifications and skills required in this field. My English language skills and many service-working experiences will be very useful. Besides, I am an excellent team player who knows how to work well in a group. Most of all, I'm very excited and passionate about this position and will always give my best.

이 분야에 맞는 자격과 기술을 갖추었기 때문에 저를 고용하셔야 합니다. 저의 영어 실력과 서비스 경험들은 매우 유용하게 쓰일 것입니다. 게다가 저는 그룹으로 일할 경우 함께 일하는 방법을 잘 알고 있는 훌륭한 팀원입니다. 무엇보다도 저는 이 일에 대해 많은 흥미와 열정을 가지고 있으며 항상 제가 할 수 있는 최선을 다할 것입니다.

A2 I believe that I will be an asset to your company. I am hardworking, a team player, and a good communicator who has all it takes to solve problems and get the job done. As you can see by my CV(curriculum vitae) I have excellent experience and extensive background in customer service which would be very beneficial for this position. I look forward to being a part of this company.

저는 귀사의 자산이 되리라 믿습니다. 저는 문제를 해결하고 일을 완수하는데 모든 것을 바쳐 열심히 일하고, 좋은 팀원이고 훌륭한 소통자입니다. 제 이력서에서 보셨듯이 이 일에 매우 유리한 고객 서비스 분야에서 훌륭한 경험과 방대한 배경을 가지고 있습니다. 저는 귀사의 일원이 되기를 고대하고 있습니다.

A3 You should hire me because I believe that I am the right person your company is looking for. I am a very service-oriented and caring person. I have a good team spirit and I ensure you that I would be a great addition to your team. Moreover, my work experience in the customer service field meeting with many customers at work can be very useful in dealing with diverse passengers. I believe my work experience, personality, and my passion combined make me a wonderful part of a team, as well as a valuable asset to the company.

제가 바로 귀사에서 찾고 있는 사람이라고 믿고 있기 때문에 저를 고용하셔야 합니다. 저는 매우 서비스 지향적이고 배려심이 많은 사람입니다. 저는 팀 정신이 강하여 귀사의 팀에 훌륭한 보탬이 되리라 확신합니다. 더 나아가 많은 고객들과 교류하며 고객 서비스했던 저의 경력은 다양한 승객들과 접할 때 매우 유용하게 쓰일 것입니다. 저의 경력, 성격 그리고 열정이 합쳐져 귀사의 소중한 자산이 되는 것뿐만 아니라 팀의 훌륭한 일원이 되리라 굳게 믿습니다.

A4 I am confident to say that I'm a good fit for this position. I have three years of experience in the customer service industry and my skills enable me to develop better communication and interpersonal skills. On top of that, I'm a great team player that gets a long with everyone through my excellent communication and language skills. I believe that I will be an asset to your company. I will always give my best to meet and exceed your expectations.

저는 이 일에 잘 맞는다고 확신 있게 말할 수 있습니다. 저는 고객 서비스 분야에서 3년간 일했고 소통과 대인관계 기술을 더 잘할 수 있게 저의 능력을 발전시켰습니다. 그 밖에, 저는 탁월한 소통과 언어 능력으로 모든 사람과 잘 어울릴 수 있는 훌륭한 팀의 일원입니다. 저는 귀사의 자산이 되리라 믿습니다. 저는 귀사의 기대에 부응하고 그 이상 할 수 있도록 최선을 다할 것입니다.

A5 I understand this position requires someone who has the ability to solve problems quickly and who can take care of passengers on board with genuine concern. I believe my aptitude and abilities match perfectly with the requirement and what makes me a unique candidate is my biggest passion for this job. I am ready to provide to this company the customer service that will keep the passengers satisfied.

저는 이 일이 재빨리 문제를 해결할 수 있는 능력과 진정한 관심으로 탑승한 승객들을 보살필 수 있는 사람을 필요로 한다고 생각합니다. 저의 적성과 능력은 그 요구 조건에 완벽하게 일치되는 부분이며, 저를 유력한 후보자로 만드는 것은 바로 이 직업에 대한 열정입니다. 저는 승객들을 지속적으로 만족시키는 고객 서비스를 제공할 준비가 되어있습니다.

You

148. What do you think are important attributes of a cabin crew?

승무원에게 가장 중요한 자질이 무엇이라고 생각하나요?

TIP

어떠한 직업이든 특별히 필요한 자질을 요구한다. 승무원 또한 중요히 여기는 자질이나 성품이 많이 있다. 강인한 체력, 긍정적인 태도, 팀 스프리트, 책임감, 서비스 정신, 프로다운 태도, 친절함, 밝은 미소, 단정한 외모, 외국어 능력, 의사소통 능력, 대인관계 능력, 융통성 등 아주 많다. 본인이 답변하기 수월하고 중요하다고 생각하는 것을 얘기해주고, 왜 그런지 부연설명으로 면접관을 이해시킨다. 기왕이면 본인이 가장 강점으로 생각하는 자질이면 더 효과적이겠다.

* 주의할 점 본인이 가지고 있지 않은 자질을 얘기하지 않는다. 면접 중에 이 질문을 했는데, 영어가 유창하지 않은 지원자가 외국이 실력이 가장 중요할 것 같다고 답변했다. 그 말을 해석하면 그 지원자는 승무원에게 가장 중요한 자질이 모자람을 뜻한다.

A1 자기표현 능력 I think a good sense of self presentation can be one of the important attributes as cabin crew. I understand that cabin crew members are the face of the airline so they should always remain friendly and approachable.

자기표현 능력이 좋은 것이 승무원의 중요한 특성 중의 하나가 될 수 있다고 생각합니다. 승무원은 항공사의 얼굴이라는 것을 알고 있기 때문에 항상 친절하고 다가가기 쉽고 호감이 가야 한다고 생각합니다.

A2 서비스 정신과 긍정적인 성격 I am sure that there must be a lot of important attributes for working as a cabin crew. I think it is very important to be service minded and positive on the job because I understand that cabin crew have to serve and take care of many different kinds of people and situations on the job.

승무원으로 일하는 것에 있어서 중요한 특성들이 많이 있을 것이라 믿고 있습니다. 승무원은 일하면서 다양한 상황과 다양한 사람들을 보살피고 서비스해야 하기 때문에 일에 대한 서비스 정신과 긍정적인 생각이 매우 중요하다고 생각합니다.

A3 단체 활동을 잘하는 팀원 In my opinion, a cabin crew must be an excellent team player since cabin crew members always work as a team on board an aircraft. I think giving a positive support to each other and working together harmoniously can make the job much easier. It can also be a great way to make each flight smooth and memorable.

제 생각에 승무원은 기내에서 팀으로 항상 일을 하기 때문에 뛰어난 팀원이 되어야만 한다고 생각합니다. 서로 긍정적으로 도와주면서 조화를 이루며 함께하는 것은 일을 훨씬 더 쉽게 만든다고 생각합니다. 이는 매번의 비행을 순조롭고 기억에 남게 할 수 있는 훌륭한 방법이 될 수 있습니다.

A4 강한 책임감과 프로페셔널 한 자세 I believe that being responsible and professional is very important to perform the job of a cabin crew. Cabin crews have to meet and deal with many different kinds of people and situations. I think they always have to be aware of their duties and responsibilities under any kind of circumstance or even on their worst days.

강한 책임감과 프로다운 자세는 승무원 일을 수행하는 것에 있어서 매우 중요하다고 생각합니다. 승무원은 다양한 사람들과 상황에 대처하고 접해야 합니다. 승무원은 어떠한 상황이나 심지어 최악의 날에도 자신들의 의무와 책임을 항상 각인해야 한다고 생각합니다.

A5 융통성/유연성 I think a cabin crew should be flexible in many ways. The role of cabin crew can be physically demanding and they must be prepared to work any day and any time. And Cabin Crew can encounter many different and unexpected situations while working on board an aircraft. That's why I think being flexible is very important to work as a cabin crew.

승무원은 많은 부분에서 융통성이 있어야 한다고 생각합니다. 승무원의 역할이 신체적인 노동을 요구하고 어떤 날이나 어떤 시간에도 일할 준비가 되어 있어야만 합니다. 그리고 승무원은 기내에서 일하는 동안 다양하고 예기치 못한 상황들이 자주 발생할 수 있습니다. 그래서 승무원으로 일할 때 융통성을 발휘하는 것은 정말로 중요하다고 생각합니다.

You

149. What can you do for us? How will you contribute to this company?

우리 회사를 위해 본인이 이바지할 수 있는 것은 무엇인가요?

TIP

지원자의 포부를 듣기 위해서 이런 질문을 종종 한다. 앞에서 다룬 질문 'What kind of service would you offer to your passenger?'와 비슷한 내용으로 답변하되 조금 더 적극적으로 마무리를 해준다. 이 질문은 회사 승무원의 자질뿐 아니라 회사 이야기를 하다가도 많이 종종 거론되기 때문에 뒤에 Chapter 14. Company에서도 한 번 더 나올 것이다.

"What can you do for this company?" 우리가 이 회사를 위해서 할 수 있는 것이 무엇인가? 일단 지원하는 포지션을 생각해보자. 마케팅도 아니고, 지상직 요원도 아니고, 승무원이다. 우리가 승무원으로서 이 회사에서 기여할 수 있는 이야기를 한다. 우리는 회사를 위해서 할 수 있는 일은 아주 많다. 승무원으로서 회사에 기여할 수 있는 것과 더불어 포부를 이야기한다. 그리고 이 답변을 할 때는 나의 입사 후 포부를 이야기하는 것이기 때문에 눈빛이나 태도는 훨씬 더 진지하고 열정적으로 답변하면 더 효과적일 것이다.

A1 I believe I can do a lot of things for your company. As a cabin crew, I won't ever stop thinking of passengers and what I can do for them. I will always treat them with a bright smile and kindness. And, I am a great team player and I will always work well with my team members as one to achieve the goals for the passengers.

저는 귀사를 위하여 많은 일을 할 수 있다고 믿습니다. 승무원으로서 저는 승객들과 제가 그들을 위해 할 수 있는 것이 무엇인가를 항상 생각할 것입니다. 저는 항상 환한 미소와 친절로 승객들을 대할 것입니다. 그리고 승객들을 위하여 팀의 일원으로 하나가 되어 항상 일을 잘해나갈 것입니다.

A2 I understand that ○○ airlines offers the highest standard of service and I will try my best to keep that good reputation by showing my kindness and genuine concern for each passenger. I will always make sure that the passengers are happy with my service so that they can fly with us again.

귀사가 가장 최고의 서비스 기준을 제공한다고 알고 있고 저는 모든 승객에게 친절과 진심 어린 관심을 보여줌으로써 훌륭한 명성을 지켜나갈 수 있게 최선을 다할 것입니다. 저는 항상 승객들이 제 서비스에 만족할 수 있게 해서 다시 우리와 함께 비행할 수 있게 만들 것입니다.

A3 I am service minded and I am a great team player. What makes me distinct is not only because I have useful experiences and what I am good at but also because I have a great passion about this position and strong interest in becoming a member of your company. I will always work well with my co-workers to make each flight smooth and memorable.

저는 서비스 정신을 가지고 있고 훌륭한 팀의 일원이기도 합니다. 제가 남들과 뚜렷한 차이를 보이는 점은 유용한 경험과 제가 잘하는 것뿐만 아니라, 이 직업에 대한 열정과 귀사의 일원이 되려는 강한 관심이 있기 때문입니다. 저는 매번의 비행이 순조롭고 기억에 남게 하기 위해 동료와 함께 항상 일을 잘해나갈 것입니다.

A4 I fully understand that I am not only the face and the representative of myself but also the company while I wear the uniform. I will always treat them with a friendly and helpful attitude to ensure that passengers leaves an aircraft feeling satisfied with my service. I will definitely try all I can do to give a good impression to my passengers so that they will fly with our airline again.

제가 유니폼을 입고 있는 동안은 저 자신의 대표뿐만 아니라 회사의 얼굴이라는 것을 충분히 알고 있습니다. 저는 항상 승객들이 저의 서비스에 만족하여 비행기를 떠나실 수 있도록 다정하고 도움을 줄 수 있는 태도로 대할 것입니다. 승객들에게 좋은 인상을 주어서 저희 항공사와 다시 비행할 수 있도록 정말로 최선을 다할 것입니다.

| 한국 노선을 위해 한국인 승무원을 채용하는 외국 항공사는 조금 더 구체적으로 한국인 승무원으로서 이바지할 수 있는 내용을 적극적으로 답변한다. |

A5 Plus, as a Korean crew in Luftansa/Singapore Airlines/Finnair/ANA/Philippines Airlines/ KLM.. I will always be faithful to my role as an interpreter, messenger and the fine bridge between my co-workers and Korean passengers to provide better understanding between two different cultures. And, I will always work well with my co-workers to make each flight smooth and memorable.

게다가, 루프탄자/싱가포르항공/핀에어/ANA/필리핀항공/KLM…에서 한국인 승무원으로 두 나라 사이의 다른 문화를 더 잘 이해하도록 돕기 위한 통역원, 전달자, 그리고 동료와 한국인 승객들 사이의 훌륭한 다리 역할을 항상 충실하게 해나갈 것입니다. 또한, 저는 매번의 비행이 순조롭고 기억에 남게 하기 위해 동료와 함께 항상 일을 잘해나갈 것입니다.

You

150. What efforts did you make to work as a flight attendant?

승무원이 되기 위해 어떤 노력을 했나요?

TIP

이 질문에 대한 답변은 당연히 여러분이 얼마나 승무원이 되기 위해 진심으로 노력했는지를 보여 주어야 한다. 가장 무난한 준비는 크게 건강관리, 영어공부, 서비스 경험으로 말할 수 있겠다. 단, 왜 그것을 준비했는지 이유를 본인의 경험을 덧붙이면서 답변한다.

A1 건강관리, 영어공부 I understand that strong physical condition is important to work as a cabin crew. I work out every day at the gym and take care of my health. I am also aware that the ability to speak English is one of the important qualifications to work in your airline so I have studied English very hard.

강인한 체력은 승무원으로 일하는 데 중요하다고 알고 있습니다. 저는 체육관에서 매일 운동을 하고 제 건강을 관리합니다. 영어 회화 실력은 귀사에서 일하는 데 중요한 자격요건 중 하나라는 것을 잘 알고 있어서 저는 매우 열심히 영어 공부를 하였습니다.

A2 영어 말하기 연습 As your airline is a global company I understand that the ability to speak English is important to work for your airline to communicate better with passengers and co-workers on board. I attended an English Language Institute and studied every day. I also participated in a study group and practiced English conversation with the other members. It was very helpful to improve my English.

귀사가 다국적 기업이기 때문에 영어회화 실력은 기내에서 승객들, 동료와 더 잘 소통하기 위해 중요하다는 것을 잘 알고 있습니다. 저는 영어 학원에 다녔고 매일 공부를 했습니다. 저는 또한 학습 동아리에 참여했고 다른 멤버들과 영어 회화를 연습했습니다. 제 영어실력을 향상시키는 데 많은 도움이 되었습니다.

A3 서비스 분야 경험 To understand better and expand my customer experience knowledge, I worked at a restaurant/hotel as a waitress to excercise my service skills. Through this work experience I learned how to interact with customers and work with others in the best way possible. I believe this would be very useful to work in your airline.

서비스 분야 경험을 더 많이 더 넓게 이해하기 위해서 저는 서비스 능력을 연습할 수 있는 음식점/호텔의 종업원으로 일했습니다. 이 경험을 통해서 저는 가능한 최선의 방법으로 다른 사람들과 고객들과 교류하는 방법을 배웠습니다. 이 경험은 귀사에서 근무하는데 매우 유용할 거라고 생각합니다.

You

151. Do you agree that the ability to speak English is important to work as a flight attendant?

승무원이 되는데 영어가 중요한 자질이라고 생각하나요?

TIP

영어가 승무원이 되는 데 가장 중요한 자질은 아니라고 생각한다. 하지만 영어도, 이미지도, 태도도, 열정도 다 갖추어진 후보자를 원하는 것은 사실이다. 하지만 국내 항공사의 경우 영어의 비중이 커지고 있는 것은 사실이지만, 가장 중요한 자질은 아니라는 것이다. 영어를 유창하게 하지 못하는 지원자는 영어가 유용하기는 하겠으나, 서비스 정신이나 친절한 태도 밝은 미소 또한 중요한 것 같다고 답변해 주는 것이 본인에게 더 유리한 답변이 될 수 있다.

* 주의할 점 영어를 유창하게 잘하는 지원자다 하더라도 승무원의 자질을 너무 영어 실력에만 집중하는 것도 별로 효과적이지 않게 들린다.

A I agree with this because English is the international and worldwide spoken language and many foreign crew and passengers don't speak Korean on board. In order to make the passengers feel at home and satisfied cabin crew should be able to communicate. However, I think in some situations a bright smile and helpful attitude are more important than English.

영어는 국제적인 언어이고 전 세계가 사용하는 언어이고, 비행에서 많은 외국 승무원들과 승객들이 한국말을 하지 않기 때문에 저는 이 말에 동의합니다. 승객들이 편안하고 만족스러운 마음을 가지게 하려면 승무원은 소통할 수 있어야 합니다. 그렇지만 어떤 경우에는 환한 미소와 도움을 주려는 태도가 영어보다 더 중요하기도 하다고 생각합니다.

You

152. If you were accepted for this job, you would be required to work with mostly female/other nationalities. Do you see any potential problem for you?

승무원이 되면 대부분 여자 동료와/다른 국적의 동료와 근무를 하게 됩니다. 문제가 있나요?

TIP

승무원들의 다수가 여자이다 보니 여자들과 일하는 것이 편안한지 남자 지원자들에게 가끔 질문한다. 당연히 편하다고 하고 전혀 문제없다고 답변한다. 그리고 부연설명으로는 여자 형제나 학교 동기 직장 여성 동료와 지낸 경험으로 덧붙여준다.

A1 No, not at all. I already have experience working with mostly female staff and I feel comfortable working and dealing with a variety of people. I had a great relationship with my former co-workers and had a pleasant working environment.

전혀 그렇지 않습니다. 저는 이미 대다수가 여성이었던 곳에서 일한 경험이 있고 다양한 사람들과 함께 일하고 대하는 데 편안합니다. 저는 전 직장 동료와 좋은 관계를 맺었었고 일하기 좋은 분위기였습니다.

A2 None at all. I have always believed that no matter whom I work with respecting and understanding each team member and creating an effective work environment is a very important factor to making a better performance. I can work with a variety of people, which I have done before, and do a good job.

전혀요. 제가 누구와 일을 하든지 모든 팀의 멤버를 존중하고 이해해주고, 효과적으로 일할 분위기를 연출하는 것은 더 좋은 업무실적을 내는 데 매우 중요한 요인이라 생각합니다. 제가 전에 그렇게 했듯이, 저는 다양한 사람들과 일을 할 수 있고 잘해낼 수 있습니다.

You

153. This job sometimes requires long hours. Will this be a problem for you?

승무원을 하게 되면 장시간 근무도 해야 합니다. 문제가 있나요?

TIP

당연히 문제없고 잘할 수 있다고 답변한다. 전 직장에서 이미 경험이 있다면 부연설명으로 덧붙인다.

A1 I don't have any problem with that. I understand about the job of cabin crew and I'm willing to do what I am asked/assigned to do.

그것은 전혀 문제 되지 않습니다. 저는 승무원의 일을 잘 인지하고 있고 제게 주어진 것을 기꺼이 수행할 것입니다.

A2 I don't have any problem with that. I have experience working in day and night shifts so I am quick to adjust myself. Plus, I am very healthy and I am able to work long hours.

전혀 문제 되지 않습니다. 주야 교대 근무로 일한 경험이 있어서 빠르게 적응할 수 있습니다. 게다가 저는 매우 건강하고 장시간 근무할 수 있습니다.

A3 No problem at all. My career is an important part of my life. From my previous work, I had a record that showed my credibility and standard performance. I can work anytime whenever company needs me.

전혀요. 제 일은 제 인생의 중요한 부분입니다. 전의 직장에서 저는 신용과 표준수행을 보여주었습니다. 회사가 필요로 한다면 전 언제든지 일할 수 있습니다.

You

154. What personal characteristics do you think will be needed to be a success in this position?

승무원직에서 성공하려면 어떤 성격이 필요하다고 생각하나요?

TIP

위에 있는 148번 질문 "What do you think are important attributes of a cabin crew?"와 유사한 질문이다. 148번 질문에 대한 답변을 준비했다면 이러이러한 성격이나 특성이 이 직업의 성공을 가져다줄 것이라는 의미로 답변한다. 특히 'success in this position'이라는 키 워드를 사용해서 답변한다.

A Of course many important characteristics will be needed, however, my personal opinion toward success in this position is communication and a positive attitude. I understand that working in a team as cabin crew on board means a lot of communication and exchange of information with co-workers. I believe that a positive support and good communication are the best ways to build up trust in others.

물론 중요한 특성들이 많이 요구되지만, 제 생각엔 이 일에서 성공하는 데 필요한 것은 소통과 긍정적인 태도입니다. 기내에서 승무원이 팀으로 일한다는 것은 동료와 함께 정보를 교환하고 많은 소통을 해야 한다는 것을 의미한다고 알고 있습니다. 긍정적인 지지와 훌륭한 소통이 다른 사람들에게 신뢰를 쌓을 수 있는 최고의 방법이라고 생각합니다.

You

155. Don't you think you are a little young to be working in this position?

승무원 하기에 나이가 어리다고 생각하지 않으세요?

TIP

학교를 막 졸업했거나 재학 중인 지원자들은 답변을 준비해본다. 나이는 어리겠지만, 승무원으로서 동료와 함께 일하고 승객을 보살피는 업무는 잘할 수 있을 만큼 성숙하고 책임감이 강하다고 답변한다. 실제 나이가 어린 (만 20세, 21세) 지원자들이 파이널 면접에서 받은 질문이다.

A If you look at my birth date I would agree with you, however, I have worked as a part-timer in the service industry and have lived alone in the United States as an intern for about a year. I am a very independent and responsible person. I am confident about what I have learned and experienced.

제 나이를 보면 그렇게 생각하실 수 있다고 생각합니다만, 저는 서비스 분야에서 아르바이트 일을 경험했고 약 1년간 인턴으로 미국에서 혼자 생활했었습니다. 저는 매우 독립적이고 책임감이 강한 사람입니다. 저는 제가 배우고 경험한 것에 대해 자신이 있습니다.

You

156. You haven't worked in years. What makes you think you are ready to work in our company?

몇 년간 일하지 않으셨네요. 왜 우리 회사에서 일할 준비가 되어 있다고 생각하나요?

TIP

너무 오랫동안 아무 일도 하지 않고 지냈다고 하면 사실 면접관으로서는 의아해 할 수 있다. 대학 졸업한 지 한참 지났는데 직장 경험이 몇 년간 하나도 없는 사람이 과연 직장에 대한 이해나 개념이 있을까, 일을 하고 싶어는 할까, 책임감은 있을까 하는 의문이 들 수 있다. 사실, 면접 중에 한 지원자가 2년간 직업이 없었다고 해서 뭐하면서 지냈느냐고 질문했더니 승무원 되기 위해 영어 공부했다고 했다. 그 지원자의 영어실력은 유창하지 않았다. 별로 적극적인 사람처럼 보이지 않았다.

A I worked on several freelance jobs, while actively preparing for this job interview. I have developed myself to reach the requirements you look/ask for to fill this position and I am certain that I will be most useful in this position.

저는 이 인터뷰를 열심히 준비하면서 몇 가지의 프리랜서 일을 하였습니다. 이 일을 위해 필요한 자격을 갖추기 위해서 저 자신을 발전시켰고, 이 일에 가장 필요한 사람이 될 것이라 확신합니다.

You

157. I see that in your work history that you frequently changed jobs. What would make you stay here different?

직업을 자주 바꾸셨네요. 왜 이번에는 오래 근무할 거라고 생각하나요?

TIP

이력서상에 여기저기 많은 회사에서 근무한 사람들을 면접관들은 그리 많이 선호하지 않는다. 물론 아르바이트 일은 조금 다른 이야기라고 생각하고, 기간제나 계약직인 경우는 친절히 그 사유에 대해서 답변해준다. 하지만 그런 이유 외에 너무 짧은 기간 동안 여러 회사에서 근무했다면 이력서상에 한두 개 정도는 기재하지 않는 것도 방법일 수 있다.

A1 Most of jobs were contract and I had to leave when the contract time was terminated. Also, I used to be able to work only during vacation while I was still in university.

대부분의 일이 계약직이었고 계약기간이 끝나면 그만두어야 했습니다. 또한, 제가 대학에 다니는 동안에는 방학에만 일할 수 있었습니다.

A2 I had to change my jobs because of unusual circumstances in the past. Now, however, the circumstances have changed and I am more able to focus on my work. Cabin crew is the particular job that I've been trying to reach/gain/obtain for many years.

과거에 특수한 상황 때문에 직업을 바꿔야 했습니다. 하지만 지금은 상황이 변하였고, 제 일에 더 많이 집중할 수 있게 되었습니다. 승무원은 수년간 이루려고 노력했던 특별한 일입니다.

You

158. What do think of the airline job interview?

항공사 면접에 대해 어떻게 생각하나요?

TIP

국내 항공사의 면접은 굉장히 단순한 경우다. 1차 실무면접, 2차 임원면접, 또는 3차 최종면접으로 그룹으로 들어가며 질문 자체도 일 인당 1개에서 3개 정도라고 생각하면 되겠다. 하지만 외국 항공사 경우 정말 온종일 면접을 보는 경우도 흔하다. 그럴 때 면접관이 질문한 경우가 많은데, 면접이 어렵다, 쉽다는 단답형이 아닌 면접관의 노고도 이해하면서 진지하게 답변해 주도록 한다. 시간을 더 투자하고 공을 들여서 더 좋은 후보자를 선택하고 싶은 것은 당연하다고 생각한다.

A I have heard many people say that the airline interview is quite difficult. This is my first time having an actual interview. Well, I felt this wasn't easy, but I think it is a very important process to help choose candidates for the important role in your airline. When people say the interview is difficult, that means the interviewer is also having a difficult time doing a lot of interviews and taking a lot of consideration, I guess.

많은 사람한테 항공사 면접이 매우 어렵다는 말을 들었습니다. 실제로 면접하는 것은 이번이 처음입니다. 글쎄요, 쉽지는 않게 느껴지지만, 귀사에서 중요한 역할을 담당하는 지원자를 뽑는 데 도움이 되는 중요한 절차라고 생각합니다. 사람들이 면접이 어렵다고 말을 할 땐 면접관 또한 많은 면접과 심사숙고하는 데 힘든 시간을 보낸다는 것을 의미한다고 생각합니다.

You

159. What will you do if this position is not offered to you?

만약 이번에 합격하지 않는다면 어떻게 할 건가요?

TIP

지원자와의 면접이 순조롭게 진행되었든 안 되었든 면접관이 질문할 수 있는 것이니, 지레짐작으로 무슨 실수를 했는지, 아니면 떨어졌다고 생각하지 말고 차분히 내가 원하는 일이니만큼 꼭 다시 지원하겠다는 마무리가 필요하겠다.

A I would be curious to know what part of myself was not satisfactory to you or your team. Since I have always wanted to work for this company, I would ask for some feedback if it's alright with you, and I will try hard to be considered for this position in the near future.

면접관님이나 귀사의 팀에 저의 어떤 부분이 만족스럽지 않았는지 궁금할 것입니다. 항상 귀사에서 일하고 싶었기 때문에, 면접관님만 괜찮으시다면 그 부분에 대한 의견을 여쭤보고 싶고, 근시일 내에 이 일에 적합할 수 있도록 열심히 노력할 것입니다.

You

승무원 영어면접 Answer

Chapter 15

Company

회사

15 Company
회사

Chapter. 15

Questions

160. What is your impression of 00 Air?
우리 항공사에 대한 인상이 어떤가요?

161. Why do you want to work for us?
왜 우리 회사에서 일 하고 싶나요?

162. What aspects of our company appeal to you?
우리 회사의 어떤 면이 맘에 드나요?

163. What do you expect from this job or company?
이 직업이나 회사에 기대하는 것이 무엇인가요?

164. Have you ever flown with us?
우리 항공사를 이용해본 적 있나요?

165. Why do you want to work for us instead of Korean airlines?
한국 항공사 말고 우리 항공사를 지원한 이유가 무엇인가요?

166. How long would you fly with us?
우리 회사에서 얼마나 근무할 예정인가요?

167. What can you do for us? /How will you contribute to this company?
우리 회사를 위해 본인이 이바지할 수 있는 것은 무엇인가요?

168. What do you know about the Korean Air Inflight Magazine, the 'Morning Calm'?

대한 항공 기내잡지 'Morning Calm'에 대해 어떻게 생각하나요?

[항공사 영문 이름]

TIP

어떠한 질문도 중요하지 않은 질문이 없다. 하지만 회사에 대한 질문은 내가 공부하지 않으면 만들어서 답변할 수 없는, 반드시 준비가 필요한 답변이다. 특히, 회사이름을 언급하게 될 때 정확한 이름으로 이야기해야 한다. 이름부터 틀리게 하면 사실 면접관으로서는 약간 거슬리게 들린다.

국내 항공사

- 대한 항공 – Korean Air
- 아시아나 항공 – Asiana Airlines
- 에어 부산 – Air Busan
- 제주항공 – Jeju Air
- 이스타 항공 – Eastar Jet
- 진에어 – Jin Air
- 티웨이 – T'way

외국 항공사

- 캐세이퍼시픽 항공 – Cathay Pacific Airways
- 싱가포르 항공 – Singapore Airlines
- 타이 항공 – Thai Airways
- 가루다 인도네시아 항공 – Garuda Indonesia
- 필리핀 항공 – Philippine Airlines
- 에어 마카오 – Air Macau
- 중국 동방 항공 – China Eastern
- 말레이시아 항공 – Malaysia Airlines

- JAL 일본항공 – Japan Airlines
- 전 일본공수 항공 – ANA(All Nippon Airways)
- 베트남 항공 – Vietnam Airlines
- 드래곤 에어 – Dragon Air
- 홍콩 익스프레스 항공 – Hong Kong Express
- 타이거 항공 – Tiger Air
- 스쿳 항공 – Scoot
- 에어 프랑스 – Air France
- 브리티시 항공 – British Airways
- 핀에어 – Finnair
- KLM 네덜란드 항공 – KLM
- 루프트한자 – Lufthansa
- 에미레이트 항공 – Emirates
- 카타르 항공 – Qatar Airways
- 에티하드 항공 – Etihad Airways
- 에티오피아 항공사 – Ethiopian airlines

160. What is your impression of 00 Air?

우리 항공사에 대한 인상이 어떤가요?

TIP

당연히 좋은 이야기를 해주어야 한다. 조금 더 구체적인 이야기를 해주는 것도 좋다. 타본 경험이 있다면 경험 이야기를, 가족 중에 근무하고 있는 사람이 있다면 가족에게 회사에 대해 들은 이야기를 한다. 단, 긍정적인 이야기라는 것을 잊지 말자. 그리고 답변 중간마다 회사이름을 언급할 때는 항공사 이름은 정확하게 언급한다. 다음 회사 관련 질문 외에 "What do you know about this company?" 회사소개 또한 자주 질문받는다. 간단히 준비해보자.

*** 주의할 점** 솔직하게 답변한다고 승객으로서의 컴플레인을 면접관에게 말해서는 절대 안 된다.

A1 이용해본 경우 I know that your airline is the best in the world. In fact, I have a very good memory of your airline because of your great service. Last year, I flew with your airline to Sydney and I was very impressed with your cabin crew. They looked so happy and confident and the overall environment was very cheerful. In fact, that's one of my motivations of joining your airline.(that's one of the reasons why I decided to join your team.)

귀사가 세계 최고라고 알고 있습니다. 사실 저는 귀사의 훌륭한 서비스로 귀사에 대한 아주 좋은 기억이 있습니다. 작년에 귀사의 항공으로 시드니에 갔는데, 승무원에게 매우 깊은 인상을 받았습니다. 승무원들은 매우 행복하고 자신 있어 보였고 전반적인 분위기가 매우 활기찼습니다. 사실 이것이 제가 귀사와 함께 하고 싶은 동기 중 하나입니다(이것이 제가 귀사의 팀이 되려고 결심한 이유 중 하나입니다).

A2 아시아나항공 Your quality service is uncomparable. I am really touched by your airline's effort to maximize the satisfaction of customers. I especially felt that every staff including the ground staff and cabin crew were very attentive, friendly and welcoming. So I have a very good impression of Asiana Airlines' staff.

귀사의 서비스는 비교 불가한 것입니다. 저는 고객들의 만족을 최대한으로 하려는 귀사의 노력에 진심으로 감동하였습니다. 특히 지상직과 승무원을 포함한 모든 직원이 매우 배려해 주고 다정하고 따뜻하게 대해준다고 느꼈습니다. 그래서 저는 아시아나 항공사의 직원들에 대해 매우 좋은 인상을 가지고 있습니다.

A3 대한 항공 I have a very good impression of Korean Air because I think Korean Air is a true cultural messenger. I understand that Korean Air has been active in spreading Korean culture and tradition. Thanks to Korean Air's cultural events in the world, Korea's national brand seems to be enhancing, which is very impressive.

저는 대한 항공이 진정한 문화 전달자라고 생각하기 때문에 대한 항공에 대해 매우 좋은 인상을 가지고 있습니다. 대한 항공은 한국 문화와 전통을 전파하는데 매우 적극적이었다고 생각합니다. 세계에서 열리는 대한 항공의 문화 행사 덕분에 한국의 국가 위상이 높아진 것 같고 이는 매우 인상적입니다.

You

161. Why do you want to work for us?

왜 우리 회사에서 일 하고 싶나요?

TIP

지원하는 회사에 대한 정보가 있어야 답변이 가능하다. 회사 웹사이트에 자주 방문하여 회사의 기본적인 정보 외에 새로 업데이트된 근황에 대해 알아본다. 회사에 대한 지식뿐 아니라 본인이 회사와 어떻게 맞을 수 있는지에 대한 이해도 필요하다. 주변에 가족이나 친구가 근무했거나 근무하고 있다면 그들에게 들은 이야기 중 좋은 이야기들과 함께 마무리하여도 면접관들이 좋아할 만한 답변이다. 다음의 예문들을 적절히 사용하여 답변을 만들어보고, 추가로 진심으로 본인이 이 항공사를 원하는 이유도 하나 정도 덧붙여본다.

Major 항공사

1 Because simply you are the best(to me).

귀사가 최고이기 때문입니다(저에게).

2 I want to give the best service to everyone I meet and give a great impression of Korea.

저는 제가 만나는 모든 사람에게 최고의 서비스를 제공하고 싶고 한국의 좋은 인상을 주고 싶습니다.

3 I have always admired your company and know that your company is an industry leader.

저는 항상 귀사를 존경해왔고, 이 업계에서 선두주자라는 것을 잘 알고 있습니다.

4 I believe that my ability would provide me with a great career opportunities in your company.

귀사에서 많은 경력의 기회가 제공 될거라 믿습니다.

5 I think your organization has the brightest vision and future and I see this as a good opportunity for me. Your organization is one I would be proud to be a member of.

귀사의 조직은 밝은 비전과 미래가 있다고 생각하고, 이는 제게 좋은 기회라고 생각합니다. 귀사는 제가 조직원으로서 긍지를 느끼게 해주는 곳입니다.

6 Your organization is one of the most admired airlines in the world and I have a

good impression since I was touched by your great service when I flew with your company last year.

귀사는 세계에서 가장 존경받는 항공사 중 하나이고 제가 작년에 여행을 갔을 때 좋은 서비스에 감명을 받고부터 좋은 인상을 받았습니다.

7 I heard that your company shows generous consideration for its employees. I sincerely would like to develop myself and expand my career opportunities in a big global company like yours. I think your company has high levels of employee motivation and satisfaction.

귀사가 직원들에게 관대한 배려를 한다고 들었습니다. 저는 진심으로 저 자신을 발전시키고 싶고, 귀사와 같은 세계적인 기업에서 저의 경력의 기회를 넓히고 싶습니다. 귀사는 직원들에게 높은 동기와 만족도를 준다고 생각합니다.

8 Apart from an excellent reputation as a leader in the airline industry I was very impressed by your meaningful contribution to the community. I believe that your involvement in the 프로그램이나 사회봉사활동 이름 is admirable. I want to be a part of that contribution too.

항공 산업에서 리더로서의 평판 외에도 저는 귀사의 사회를 위한 의미 있는 기여에 많이 감동하였습니다. ○○에서의 참여는 존경받을 만하다고 생각합니다. 저 또한 그러한 기여의 한 부분이 되고 싶습니다.

다 국적환경 항공사

9 A multinational environment which your company can offer is most exciting to me since I love to learn and explore new things/places.

귀사가 제고할 수 있는 다국적 환경은 새로운 것들을 배우고 탐색하는 것을 좋아하기 때문에 저에게는 매우 흥미로운 것입니다.

10 I believe working as a Korean crew making a good image and contributing my efforts for not only the Korean passengers but international passengers will be very meaningful.

한국 승무원으로서 좋은 이미지를 만들고 한국 승객들뿐만 아니라 외국 승객들에게 저의 노력을 다하는 것은 매우 의미 있는 것이라고 생각합니다.

11 I discovered that the cabin crews of your airline are from more than ○○ different countries in the world and I believe that building friendships with co-workers from many different countries would be an extraordinary experience,

which only few people can have.

귀사의 승무원들은 세계에서 ○○개국이 넘는 나라 출신이고 다른 나라에서 온 동료와 우정을 쌓아가는 것은 대단한 경험일 것이며 이는 오직 소수에게만 주어진 혜택이라 생각합니다.

12 I am quite impressed with the fact that your crew members are from more than ○○ different countries. Your company is where many different cultures from around the world live together. That is just amazing

귀사의 승무원들이 ○○개국이 넘는 나라 출신이라는 사실에서 매우 인상 깊게 느끼게 되었습니다. 귀사는 세계에서 온 다른 문화가 함께 공존하는 곳이라 생각합니다. 정말 대단합니다.

13 I heard that your company shows generous consideration for its employees. I sincerely would like to develop myself and expand my career opportunities in a big global company like yours. I think your company has high levels of employee motivation and satisfaction.

귀사가 직원들에게 관대한 배려를 한다고 들었습니다. 저는 진심으로 저 자신을 발전시키고 싶고 귀사와 같은 세계적인 기업에서 저의 경력의 기회를 넓히고 싶습니다. 귀사는 직원들에게 높은 동기와 만족도를 준다고 생각합니다.

14 I have always dreamt of working at your company as it is one of the biggest and most admired airline companies in the world. I would like to contribute to that and as I can speak English and with my work experiences in the service field. I am sure that I can be a good flight attendant for your airline.

저는 세계에서 가장 크고 존경받는 항공사 중 하나인 귀사에서 일하는 것을 항상 꿈꿔왔습니다. 서비스 분야에서의 저의 경력과 영어 구사능력으로 저도 기여를 하고 싶습니다. 저는 귀사의 훌륭한 승무원이 될 것이라 확신합니다.

LCC 또는 신생 항공사

15 Your airline is the fastest growing company(in the world) with the brightest vision. I would like to make a meaningful contribution for it to become a more successful company and I want to continue to grow as a professional flight attendant.

귀사는 가장 밝은 비전으로 가장 빠르게 성장하는 회사입니다. 저는 더 성공적인 회사가 되는 데 의미 있는 기여를 하고 싶습니다. 그리고 전문적인 승무원으로서 지속적인 발전을 하고 싶습니다.

| 마무리하기 유용한 표현 |

- I sincerely hope to be the part of your better success.
  저는 귀사의 더 큰 성공을 위해 그 일부가 되기를 진심으로 희망합니다.

- I believe that working for ○○ Airways would bring a lot of benefits to me.
  저는 ○○ 항공사에서 일하는 것은 저에게 많은 이득을 가져다준다고 믿습니다.

- I hope to be a part of ○○ Air because I can be very proud of my job and company.
  제 일과 회사에 자긍심을 가질 수 있기 때문에 ○○ 항공사 일부분이 되기를 희망합니다.

- If I'm hired by your airline, I will make every effort to support the company's aim by taking pride in my job and company.
  만약 제가 고용된다면, 저는 일과 회사에 자부심을 느끼면서 회사의 목표에 도달할 수 있도록 모든 노력을 다할 것입니다.

〈Sample Answers〉

A1 대한 항공 I want to work for Korean Air because simply you are the best. Korean Air is an airline that represents Korea and is a respected leader in the industry and plays an important role in enhancing Korea's status. Apart from your reputation as a leader in the airline industry I was very impressed by your meaningful contribution to the community. I hope to be a part of Korean Air because I can be very proud of my job and company. And, I want to give the best service to everyone I meet on board and give a great impression of Korean Air and Korea.

대한 항공이 최고의 회사이기 때문에 일하고 싶습니다. 대한 항공은 한국을 대표하는 항공사이고 이 업계에서 존경받는 리더이며 한국의 위상을 높이는 데 중요한 역할을 합니다. 항공 산업에서 리더로서의 평판 외에도 저는 귀사의 사회를 위한 의미 있는 기여에 많은 감동을 하였습니다. 저는 제 일과 회사에 대해 매우 자랑스럽게 여길 수 있는 대한 항공에 그 일원이 되고 싶습니다. 그리고 저는 탑승하면서 만난 모든 사람에게 최고의 서비스를 제공하고 싶고 대한 항공과 대한민국에 대한 좋은 인상을 주고 싶습니다.

A2 아시아나 항공 It has been my dream and ambition to be a member of your airline since I was on board in your airline. The service made me feel at home and the attendants' smiles made me want to be one of them. And most of all, they seemed to enjoy working together helping and supporting each other. I was really impressed with your team work environment. That's why I want to join your team. And, I want to give the best service to everyone I meet on board and give a great impression of Asiana airlines and Korea.

저는 아시아나 항공을 이용한 이후로 아시아나 항공의 일원이 되는 꿈과 희망을 품게 되었습니다. 집처럼 편안함을 느끼게 해 주는 서비스와 친절한 미소는 제가 승무원이 되고 싶게 만들었습니다. 무엇보다도 서로 도와주고 지지해 주면서 일을 즐기면서 하는 것 같았습니다. 저는 그러한 팀과 일하는 환경에 진심으로 깊은 인상을 받았습니다. 그래서 저는 그 팀의 일원이 되고 싶습니다. 그리고 저는 탑승하면서 만난 모든 사람에게 최고의 서비스를 제공하고 싶고 아시아나항공과 대한민국에 대한 좋은 인상을 주고 싶습니다.

A3 카타르 항공/에미레이트 항공 I heard that your company shows generous consideration for its employees. I sincerely would like to develop myself and expand my career opportunities in a big global company like yours. I hope to be a part of Qatar airways/Emirates because I can be very proud of my job and company. And, I love to work in the multinational environment and it will be very exciting to me.

저는 귀사가 직원들에게 관대한 배려를 해준다고 들었습니다. 저는 귀사와 같은 세계적인 기업에서 저 자신을 발전시키고 경력 기회를 넓히고 싶습니다. 일과 회사에 긍지를 가지고 일하고 싶기 때문에 카타르/에미레이트 항공사의 일원이 되기를 희망합니다. 그리고 저는 국제적인 환경에서 일하는 것을 좋아하고 매우 흥미로울 것 같습니다.

A4 캐세이 퍼시픽 항공사 I know Cathay Pacific Airways has a history of more than half a century and your company is one of the most well known and admired airline company in the world. It's attractive to me that your company has a head office in Hong Kong, the center of Asian service industry and I have heard that Hong Kong is the greatest city to stay in. I believe that working for Cathay Pacific Airways would bring a lot of benefits to me.

캐세이 퍼시픽 항공사는 반세기 이상의 역사를 가지고 있고, 세계에서 가장 잘 알려진 존경받는 항공사 중의 하나라고 알고 있습니다. 가장 절 매료시키는 것은 아시아 서비스 산업의 중심인 홍콩에 본사가 있다는 점과 홍콩은 살기에 가장 좋은 도시라는 점입니다. 제가 캐세이 퍼시픽 항공사에서 일하게 된다면 제게 많은 이점이 있을 것이라 생각합니다.

A5 캐세이 퍼시픽 항공사 Cathay Pacific Airways is the most attractive airline company to me. I like the international environment where I can experience both oriental and western cultures at the same time. I discovered that the cabin crews of your airline are from more than 10 different countries in Asia and I believe that building friendships with co-workers from many different countries would be an extraordinary experience, which only few people can have. I hope to be a member of Cathay Pacific Airways because I can be very proud of my job and company.

캐세이 퍼시픽 항공사는 제게 가장 매력적인 항공사입니다. 저는 동서양 문화를 동시에 경험할 수 있는 국제적인 환경을 좋아합니다. 귀사의 승무원들은 아시아에서 10개국이 넘는 나라 출신이고, 다른 나라에서 온 동료와 우정을 쌓아가는 것은 대단한 경험일 것이며, 이는 오직 몇몇 사람에게만 주어진 혜택이라 생각합니다. 일과 회사에 긍지를 가질 수 있기에 캐세이 퍼시픽 항공사의 일원이 되기를 희망합니다.

A6 싱가포르 항공 Everyone knows that Singapore Airline is the best in the world and I would be honored to be a member of your airline. I understand that your company offers the highest standard of service to passengers and I will try my best to learn to be a successful cabin crew. I also heard that your company shows generous consideration for its employees and has high levels of employee satisfaction. I would be very happy and proud working for the best company like Singapore airlines.

싱가포르 항공사가 세계 최고라는 것은 누구나 알고 있고 귀사의 일원이 된다면 굉장히 영광스러울 것입니다. 귀사가 승객에게 최상의 서비스를 제공하는 것을 알고 있으며, 열심히 노력해서 성공적인 승무원이 되고 싶습니다. 저는 또한 귀사가 직원들에게 관대한 배려를 해준다는 것을 들었으며 직원 만족도가 높은 곳이라고 들었습니다. 싱가포르 항공 같은 최고의 회사에서 일하면 정말 행복하고 자랑스러울 것 같습니다.

A7 타이 항공 I heard that your company shows generous consideration for its employees and has high levels of employee satisfaction. One of my friend is working for Thai Airways and she seems so happy. in fact, she recommended me to join your team. Working and living in Bangkok will be very exciting to me. And I understand that most of the time Korean cabin crew fly to Incheon and I think it will be great to see my family more often even though I live apart from them. I believe that working for Thai Airways would bring a lot of benefits to me.

저는 타이 항공이 직원들에게 관대한 배려를 해 준다는 것을 들었으며 직원 만족도가 높은 곳이라고 들었습니다. 제 친구 중에서 타이 항공에서 근무하는데 정말 행복해 보였습니다. 실은 친구가 지원을 권유했습니다. 방콕에서 일하면서 사는 것이 정말 좋을 것 같습니다. 그리고 한국인 승무원들은 대부분 한국 비행을 한다고 들었는데, 가족들과 떨어져 살더라도 더 자주 볼 수 있어서 좋을 것 같습니다. 타이 항공에서 일하는 것은 저에게 많은 이득을 가져다준다고 믿습니다.

A8 중국 동방 항공 I know that China Eastern Airlines is one of biggest airlines of china and based in Shanghai, one of the most energetic and advanced city of the world. I became interested in this airline when I was travelling to China/ when I was living in China. I was fascinated by the culture and mystical history of China. I believe working as a Korean cabin crew making a good image and contributing my efforts for not only the Korean passengers but other passengers from many different countries will be very meaningful. I also want to explore the country of China more if it's allowed when working as a member of China Eastern Airlines.

중국 동방 항공은 세계에서 가장 활기 있고 발전된 도시 중의 하나인 상해에 기반을 둔, 중국에서 가장 큰 항공사 중의 하나라고 알고 있습니다. 제가 중국에 살았을 때/ 중국을 여행했을 때 이 항공사에 관심을 가지게 되었습니다. 저는 중국의 문화와 신비로운 역사에 매료되었습니다. 한국인 승무원으로 일하면서 좋은 이미지를 주고 한국 승객뿐만 아니라 다른 나라에서 온 승객들에게도 노력을 다해 봉사하는 것은 매우 의미 있는 일일 것입니다. 중국 동방 항공에서 일할 수 있게 된다면 저는 중국에 대해 더 많이 알고 싶습니다.

You

162. What aspects of our company appeal to you?

우리 회사의 어떤 면이 맘에 드나요?

TIP

회사 지원 동기와 비슷한 질문이다. 맘에 드는 것이 아주 많다고 시작하여도 좋다. 그리고 그중에서 본인이 이야기하기에 가장 자신 있는 것에 대해 적극 답변한다.

A1 대한 항공/아시아나 항공 Korean Air/Asiana Airlines is an airline that represents Korea and is a respected leader in the global transportation network and plays a key role in enhancing Korea's status. I hope to be a part of Korean Air/Asiana Airlines because I can be very proud of my job and company. I think working for your company would offer me a very rewarding experience as I want to give the best service to everyone I meet on board and give a great impression of Korea.

대한 항공/아시아나 항공은 한국을 대표하는 항공사이고 세계 운송 회사들에서 존경받는 리더이며 한국의 위상을 높이는 데 중요한 역할을 합니다. 저는 제 일과 회사에 대해 매우 자랑스럽게 여길 수 있는 대한 항공/아시아나 항공에 그 일부가 되고 싶습니다. 그리고 저는 탑승하면서 만난 모든 사람에게 최고의 서비스를 제공하고 싶고 대한민국에 대한 좋은 인상을 주고 싶기 때문에 귀사에서 일한다는 것은 제게 많은 보람을 느끼게 해줄 것이라 생각합니다.

A2 캐세이 퍼시픽/ 카타르 항공/에미레이트 항공 I am very interested in different cultures and I have always wanted to work in a multicultural environment. In this aspect, I am quite impressed with the fact that your crew members are from more than ◌◌ different countries. Your company is where many different cultures from around the world live together. That is just amazing.

(* 지원하는 회사 승무원들이 몇 개국 출신인지 알아보고 답변하도록 한다.)

저는 다른 문화에 관심이 많이 있고 항상 국제적인 환경에서 일하기를 원했습니다. 이러한 면에서, 귀사의 승무원들이 ◌◌개국이 넘는 나라 출신이라는 사실에서 매우 인상 깊게 느끼게 되었습니다. 귀사는 세계에서 온 다른 문화가 함께 공존하는 곳이라 생각합니다. 정말 대단합니다.

You

163. What do you expect from this job or company?

승무원이나 회사에서 기대하는 것이 무엇인가요?

TIP

다시 한 번 회사에 대한 정보가 필요한 질문이다. 원하는 근무조건(급여, 비행시간, 휴가, 보너스 등)을 요구하는 것이 아니라 직업적으로 발전할 기회가 많았으면 좋겠다는 정도의 긍정적인 답변을 하는 것이 더욱더 효과적이다. 실제 지원하는 회사와 비슷한 배경을 이야기하기가 더 쉽고 효과적인 인터뷰가 될 것이다.

* 주의할 점 지원하는 회사의 배경과 전혀 맞지 않는 기대를 풀어놓지 않는다. 예를 들어, 한국 승무원으로서 비행 주요 노선이 인천과 방콕인데, "승무원으로서 많은 나라를 비행하기를 기대합니다."라고 한다면 면접관이 생각할 땐 비행노선이 다양한 항공사와 더 적합하리라 판단할 수 있다.

A1 I sincerely would like to develop myself and expand my career opportunities in a big global company like yours.

저는 진심으로 저 자신을 발전시키고 싶고 귀사와 같은 세계적인 기업에서 저의 경력의 기회를 넓히고 싶습니다.

A2 I would expect your company to provide cabin crew a stable work environment with equal opportunity for learning and personal growth. I believe this will enhance the level of motivation. In fact, for these reasons, I want to join your team.

저는 귀사가 배움과 개인 발전을 위한 기회균등과 함께 안정적인 작업환경을 승무원들에게 제공해주리라 기대합니다. 이는 동기 부여를 높게 해줄 것이라 믿습니다. 사실 이러한 이유로 저는 귀사의 팀원이 되고 싶습니다.

A3 It would be very nice of a company to provide meaningful recognition for the employees' performance. I believe this helps grow strong feelings of mutual rust to perform with great pride in the job and the company.

직원의 업무수행에 대하여 회사가 인지 해 준 다면 참 좋을 것이라고 생각합니다. 이는 업무와 회사에 큰 자부심을 느끼고 업무를 수행할 수 있는 상호 간의 신뢰를 더욱 두텁게 할 것이라 믿습니다.

You

164. Have you ever flown with us?

우리 항공사를 이용해본 적 있나요?

TIP

지원하는 항공사를 이용해봤다면 좋았던 점을 언급해주면서 긍정적으로 답변한다. 이용해본 적이 없다면 이용해본 적 없다고 단답형으로만 답변하지 말고 평소 가지고 있던 이미지나 알고 있는 회사 이야기 정도로 마무리한다.

* 주의할 점 절대 이용하면서 불편했던 점, 승무원이 불친절해서 기분이 안 좋았다, 나는 승무원이 되면 그러지 않겠다던가 하는 부정적인 이야기는 하지 않는다. 지금 본인은 승객으로서 면접관을 만나고 있는 것이 아니라 지원자로서 만나고 있는 것이다.

A1 Yes, I have flown with your airline when I travelled to Europe two years ago. With good meals and frequent water service, your cabin crews made my long flight easy and comfortable. I really appreciated their service and hard work.

네, 2년 전에 유럽여행을 했을 때 이용한 적이 있습니다. 훌륭한 식사와 잦은 음료 서비스로 승무원들은 긴 비행을 쉽고 편안하게 해 주었습니다. 저는 그러한 서비스와 노고에 정말 감사했습니다.

A2 Yes, I have. I travelled to Hong Kong last summer and I was so impressed with your service. I especially liked the personal TV in every seat and the cabin crews who were from many different countries were very interesting. They were all friendly to me whenever they talked to me. And, they looked so happy and confident. Besides, your team environment was very cheerful. In fact, that's one of the motivations why I decided to join your team.

네, 있습니다. 저는 작년 여름에 홍콩에 간 적이 있고 귀사의 서비스에 매우 감동하였었습니다. 저는 특히 모든 자석에 있는 개인용 TV가 좋았고 다양한 나라 출신의 승무원들이 흥미로웠습니다. 승무원들은 제게 말을 할 때마다 모두 매우 친절했습니다. 그리고 매우 행복해 보였고 자신감이 있어 보였습니다. 또한, 귀사의 팀으로 일하는 환경은 매우 고무적이었습니다. 사실 이것이 제가 귀사의 팀의 일원이 되기로 결정한 동기 중 하나입니다.

A3 I am afraid I haven't yet. But I have seen cabin crew of your airline at the airport. They look so beautiful in their gorgeous uniform and they put big a nice smile on their faces. Then I realized that their smile is more beautiful than their uniform and appearance. It was unforgettable.

아직은 없습니다. 하지만 공항에서 귀사의 승무원을 본 적은 있습니다. 멋진 유니폼에 매우 아름다워 보였고 얼굴엔 큰 미소를 짓고 있었습니다. 저는 그들의 미소가 유니폼이나 겉모습보다 더 아름답다는 것을 알게 되었습니다. 정말 잊을 수 없었습니다.

A4 Unfortunately, I haven't yet. However, I know that your airline is one of the best in the world and your airline is very popular among Korean candidates. I heard that your airline gives employees high levels of employee motivation and satisfaction. I would really like to experience it for myself.

불행히도 아직 없습니다. 하지만 저는 귀사가 세계에서 최고의 항공사 중 하나이고 한국 지원자들에게 매우 인기 있는 항공사라는 것을 알고 있습니다. 귀사가 직원들에게 높은 동기 부여와 만족도를 준다고 들었습니다. 저는 정말로 그 경험을 직접 하고 싶습니다.

You

165. Why do you want to work for us instead of Korean airlines?

한국 항공사 말고 우리 항공사를 지원한 이유가 무엇인가요?

TIP

외국 항공사 지원하는 경우에 많은 면접관들이 궁금해하는 질문이다. 답변할 때는 절대 국내 항공사의 부정적인 면을 이야기하지 말고 지원하는 항공사의 장점과 지원 동기로 답변한다. 그리고 외국 항공사를 원하는 것만을 원하는 것이 아니라, 귀사에서 근무하고 싶은 것이라는 회사에 대한 열정을 표현해 준다면 더 효과적인 답변이 될 것이다.

*** 주의할 점** 외국 항공사 면접에서 한 지원자가 이 질문에 "국내 항공사보다 조금 더 자유롭고 연공서열이 없는 곳에서 근무하고 싶다."라고 답변한 적이 있다. seniority가 없는 곳에서 근무하고 싶다는 얘기는 seniority가 있으면 근무하기 힘들다는 얘기로 들리며, 함께 비행하는 선배 승무원마다 차이도 있을 텐데, 근무 환경은 내가 맞추어 나가야지 회사가 나를 맞추는 것이 아니다. 그리고 외국 항공사라고 하더라도 항공사 나름의 문화나 분위기가 있긴 하지만, 당연히 선배나 상사는 항상 존중하며 일해야 한다.

A1 Of course, as a Korean, it would be great for me to work for Korean airlines too. However, the main reason that I chose my career as a flight attendant is to experience new cultures and work with many different co-workers. I prefer working in a more international environment. I have always dreamt of working in your airline.

물론, 한국인으로서 한국 항공사에서 일한다면 좋을 것입니다. 하지만 승무원으로 제 직업을 결정한 주요한 이유는 새로운 문화를 경험하고 다양한 동료와 함께 일하고 싶어서입니다. 저는 국제적인 환경에서 일하는 것을 더 선호합니다. 저는 귀사에서 일하기를 항상 꿈꿔왔습니다.

A2 I have always dreamt of working at your company. Because you are the best and I believe that your organization has the brightest vision and future and I see this as a good opportunity for me. Your organization is one I would be proud to be a member of.

저는 귀사에서 일하기를 항상 꿈꿔왔습니다. 귀사는 최고의 회사이고 가장 밝은 비전과 미래를 가지고 있기 때문입니다. 그리고 이는 저에게 훌륭한 기회라고 믿습니다. 귀사는 제가 일원이 된다면 긍지를 느낄 수 있게 하는 곳입니다.

You

166. How long would you fly with us?

우리 회사에서 얼마나 근무할 예정인가요?

TIP

이 질문의 답변은 가능하면 오래도록 근무하고 싶다는 분위기로 가면 될 것이다. "진실로 희망하는 일이고 열심히 준비해 온 만큼 인생의 커리어로 만들고 싶다. 가능하면 최소 10년 이상은 비행하고, 기회가 된다면 회사 안에서 더 많은 기회를 만들고 싶다."라고 답변한다면 더 신뢰감이 간다. 물론, 우리는 앞으로 누가 더 비행을 오래하고 잘할 수 있을지는 모르겠지만. 답변 내용으로 미루어 짐작할 뿐이라는 것이다.

*주의할 점 피해야 할 답변은 단순하게 기간을 이야기하는 것이다. 특히, 짧은 기간을 이야기하는 것은 바람직하지 않다. 3년간 근무하고 결혼하고 싶다든가, 5년 정도 비행하고 작은 가게를 운영하고 싶다든가 하는 답변은 어느 면접관이 들어도 좋아할 만한 답변은 아니다.

A1 I have thought about this career for a long time and would like to make a commitment for as long as possible, at least 10 years.

저는 오랜 시간 동안 이 일을 생각해 왔고 적어도 10년 이상, 가능한 오랫동안 헌신하고 싶습니다.

A2 I would like to do this job for as long as possible. I believe that this position in your company gives me a great opportunity to grow and make a success of my career, of course, I know I have to try hard to achieve it.

저는 가능한 한 오랫동안 이 일을 하고 싶습니다. 귀사의 이 직책은 제게 발전할 수 있는 훌륭한 기회를 주는 것이라 믿고 있고, 일적으로 성공하기 위해서 저는 열심히 노력해야 한다는 것을 알고 있습니다.

A3 I hope to stay forever, as long as the company needs my service. People say that these days there is no life long careers any more. However I believe that I will enjoy working in this position and I want to continue contributing to the growth of your company and my career as long as possible.

회사가 저의 서비스를 필요로 하는 한 영원히 있고 싶습니다. 사람들은 요즘은 더 이상 평생직장이 없다고 말을 합니다. 하지만 저는 이 직책에서 즐기면서 일을 할 것이며 가능한 오랫동안 귀사와 제 경력의 성장을 위해 계속 이바지하고 싶습니다.

A4 I would love to work until retirement age. One of the reasons I want to become cabin crew is that this job offers me the best opportunity to commit to my job and I don't want to give up my job easily. I would like to consider this as life long career.

저는 은퇴 연령이 될 때까지 일하고 싶습니다. 제가 승무원이 되려고 하는 이유 중의 하나는 이 일이 제게 많은 기회를 주기 때문입니다. 그리고 저는 쉽게 이 일을 포기하고 싶지 않습니다. 저는 이 직업을 평생직장으로 생각합니다.

You

167. What can you do for us? How will you contribute to this company?

우리 회사를 위해 본인이 이바지할 수 있는 것은 무엇인가요?

TIP

앞서 챕터 'Qualification'에서 나온 같은 질문이다. 회사 이야기하다가도 많이 질문하기 때문에 한 번 더 다루게 되었다. 우리가 이 회사를 위해서 할 수 있는 것이 무엇인가? 일단 지원하는 포지션을 생각해보자. 마케팅 직원도 아니고 지상직 요원도 아니고 승무원이다. 우리가 승무원으로서 이 회사에서 기여할 수 있는 이야기를 한다. 우리는 회사를 위해서 할 수 있는 일은 아주 많다. 승무원으로서 회사에 기여할 수 있는 것과 더불어 포부를 이야기한다. 그리고 이 답변을 할 때는 나의 입사 후 포부를 이야기하는 것이기 때문에 눈빛이나 태도는 훨씬 더 진지하고 열정적으로 해야 더 효과적일 것이다.

A1 I understand that your company offers the highest standard of service and I will try my best to keep that good reputation by showing my kindness and genuine concern for each passenger. I will always make sure that the passengers are happy with my service so that they can fly with us again.

귀사가 가장 최고의 서비스 기준을 제공한다고 알고 있고 저는 모든 승객에게 친절과 진심 어린 관심을 보여줌으로써 훌륭한 명성을 지켜나갈 수 있게 최선을 다할 것입니다. 저는 항상 승객들이 제 서비스에 만족할 수 있게 해서 다시 우리와 함께 비행할 수 있게 만들 것입니다.

A2 I am service minded and I am a great team player. What makes me distinct is not only because I have useful experiences and what I am good at but also because I have a great passion about this position and strong interest in becoming a member of your company. I will always work well with my co-workers to make each flight smooth and memorable.

저는 서비스 마인드를 가지고 있고 훌륭한 팀의 일원이기도 합니다. 제가 남들과 뚜렷한 차이를 보이는 점은 유용한 경험과 제가 잘하는 것뿐만 아니라 이 직업에 대한 열정과 귀사의 일원이 되려는 강한 관심을 가지고 있기 때문입니다. 저는 매번의 비행이 순조롭고 기억에 남게 하기 위해 동료와 함께 항상 일을 잘해 나갈 것입니다.

A3 I believe I can do a lot of things for your company. As a cabin crew, I won't ever stop thinking of passengers and what I can do for them. I will always treat them with a bright smile and kindness. And, I am a great team player and I will always work well with my team members as one to achieve the goals for the passengers.

저는 귀사를 위하여 많은 일을 할 수 있다고 믿습니다. 승무원으로서 저는 승객들과 제가 그들을 위해 할 수 있는 것이 무엇인가를 항상 생각할 것입니다. 저는 항상 환한 미소와 친절로 승객들을 대할 것입니다. 그리고 승객들을 위하여 팀의 일원으로 하나가 되어 항상 일을 잘해나갈 것입니다.

A4 I fully understand that I am not only the face and the representative of myself but also the company while I wear the uniform. I will always treat them with a friendly and helpful attitude to ensure that passengers leaves an aircraft feeling satisfied with my service. And, I will definitely try all I can do to give a good impression to my passengers so that they will fly with our airline again.

제가 유니폼을 입고 있는 동안은 저 자신의 대표뿐만 아니라 회사의 얼굴이라는 것을 충분히 알고 있습니다. 저는 항상 승객들이 저의 서비스에 만족하여 비행기를 떠나실 수 있도록 다정하고 도움을 줄 수 있는 태도로 대할 것입니다. 그리고 승객들에게 좋은 인상을 주어서 저희 항공사와 다시 비행할 수 있도록 정말로 최선을 다할 것입니다.

한국 노선을 위해 한국인 승무원을 채용하는 외국 항공사는 조금 더 구체적으로 한국인 승무원으로서 이바지할 수 있는 내용을 적극적으로 답변한다.

A5 Plus, as a Korean crew in Lufthansa/Singapore Airlines/Finnair/ANA/Philippines Airlines/ KLM··· I will always be faithful to my role as an interpreter, messenger and the fine bridge between my co-workers and Korean passengers to provide better understanding between two different cultures. And, I will always work well with my co-workers to make each flight smooth and memorable.

게다가, 루프트한자/싱가포르항공/핀에어/ANA/필리핀항공/KLM···에서 한국인 승무원으로 두 나라 사이의 다른 문화를 더 잘 이해하도록 돕기 위한 통역원, 전달자, 그리고 동료와 한국인 승객들 사이의 훌륭한 다리 역할을 항상 충실하게 해 나갈 것입니다. 또한, 저는 매번의 비행이 순조롭고 기억에 남게 하기 위해 동료와 함께 항상 일을 잘해나갈 것입니다.

You

168. What do you know about the Korean Air Inflight Magazine,the 'Morning Calm'?

대한 항공 기내잡지 'Morning Calm'에 대해 어떻게 생각하나요?

A

Morning Calm is not only a Korean Air inflight magazine but it is also the representative magazine of Korea, its traditions and culture. Morning Calm is written in both English and Korean, distributed aboard all flights, international and domestic, all classes and all Korean boarding lounges. The magazine presents the most beautiful places both in Korea and all around the world with top quality photography and design. Its purpose is to build a "gate" between Korean cultural identity and the other countries.

모닝 캄은 대한 항공의 기내 잡지뿐만 아니라 한국의 전통과 문화를 대표하는 잡지입니다. 모닝 캄은 영어와 한국어로 쓰였고, 모든 비행에 제공되고, 국제선과 국내선, 모든 좌석과 한국 탑승 라운지에 비치되어 있습니다. 이 잡지는 최고의 사진과 디자인으로 한국과 전 세계 곳곳의 가장 아름다운 장소를 제공합니다. 이 잡지의 목적은 한국 문화의 정체성과 다른 나라들 사이의 '문'을 만들고자 하는 것입니다.

You

Chapter 16

Scenario Question

롤 플레이 질문

16 Scenario Question

Chapter. 16

롤 플레이 질문

Questions

169. How would you handle an angry passenger?

화난 승객을 어떻게 응대하겠습니까?

170. How can you help mothers with children on your flight?

아이와 동반한 어머니 승객을 어떻게 도와주겠습니까?

171. If one of your passengers is sick, what should you do?

승객이 아프면 어떻게 하겠습니까?

172. If one of your passengers tells you that this is her first time flying and she is nervous. What can you do to comfort her?

승객이 첫 비행이라 떨린다고 얘기합니다. 승객에게 어떻게 말하겠습니까?

173. During the collection of the trays after a meal service you notice one of your passengers did not eat his meal. What would you do?

식사 서비스 후 식판을 수거하다가 식사를 하지 않은 승객을 발견했습니다. 어떻게 하겠습니까?

174. A passenger refuses to stow his baggage in the overhead bin. What would you do?

한 승객이 선반에 짐을 넣기를 거부하십니다. 어떻게 하겠습니까?

175. If a passenger feels airsickness, what should you do?

한 승객이 멀미가 난다고 합니다. 어떻게 하겠습니까?

176. What would you do if a passenger is in a deep sleep when you are serving meals?

식사 서비스 중 주무시고 계시는 승객이 있다면 어떻게 하겠습니까?

177. How would you handle the situation when many passengers seem very upset about a flight delay?

승객이 비행 지연으로 많이 화가 나 있다면 어떻게 상황을 대처하겠습니까?

178. How would you deal with a situation when you and your co-worker had a strong disagreement on something and it seems obvious to the passenger's eyes?

승객들 앞에서 동료와 의견 불일치로 불화가 있다면 상황을 어떻게 대처하겠습니까?

179. If you noticed a few passengers looking bored, what would you do to help relieve their boredom?

몇몇 승객이 지루해 보이는 걸 알아차렸다면 그들을 위해 무엇을 하겠습니까?

180. What would you do if a passenger or another crew blacked out during a flight?

비행 도중 승객이나 동료가 기절한다면 어떻게 상황을 대처하겠습니까?

181. What would you say to the passenger who asks for another entrée/meal?

식사를 더 원하는 승객이 있다면 어떻게 하겠습니까?

182. What would you do if a passenger pinches you or grabs you?

만약 어떤 승객이 당신을 꼬집거나 잡아서 부른다면 어떻게 하겠습니까?

183. Would you agree that keeping the aircraft clean is the responsibility of cabin crew?

기내를 청결히 유지 하는 것이 승무원의 임무라고 생각합니까?

184. What would your action be in case of emergency in flight?

비상상황 시 어떻게 대처하겠습니까?

185. What would you do if your partner is lazy and neglects her duty?

만일 함께 근무하는 파트너가 게으르고 임무를 다 하지 않는다면 어떻게 하겠습니까?

186. What would you say to the passengers who are standing and talking in front of the exit area when the captain has just turned on the seat belt sign because of the turbulence?

비행 중 난기류 때문에 안전벨트 착용 사인이 켜졌다면 비상구 앞에서 얘기하던 승객들에게 다가가 뭐라고 말하겠습니까?

187. What will you do if children are running around and making noise in the cabin?

기내에서 아이들이 뛰어다니고 소란을 피운다면 어떻게 하겠습니까?

188. What would you do if a drunken passenger asks for more alcoholic drinks?

술에 취한 승객이 술을 더 달라고 하면 어떻게 하겠습니까?

189. You spilled hot coffee on a passenger because of sudden turbulence. What would you do to help her?

갑작스러운 난기류 때문에 한 승객에게 커피를 쏟았습니다. 어떻게 대처하겠습니까?

190. What would you say to the passenger who is smoking in the cabin or toilet?

기내나 화장실에서 담배 피우는 승객에게 무어라 말하겠습니까?

191. One of your co-workers is rude to passengers what would you do?

동료 중 한 명이 승객에게 불친절하다면 어떻게 하겠습니까?

192. How do you handle a situation if a senior is wrong about something?

만일 위 선배가 무언가 틀렸다고 생각하면 어떻게 하겠습니까?

193. If our roles were reversed, what question would you ask?/ If you were an interviewer, what question would you ask?

만일 면접관과 입장이 바뀐다면 무슨 질문을 하고 싶은가요?

TIP

면접관들이 지원자들에게 항공사 승무원이라는 직업에서 일어날 수 있는 상황들을 역할연극을 하거나 상황질문을 통해서 대처 능력과 순발력을 평가하기 위함이다. 우리 지원자 중에는 당연히 전직 승무원들이 다른 회사로 이직하기 위해 지원하는 경우도 많이 있다. 전직인 경우를 빼고는 지원자들 중에 승무원 교육을 제대로 받은 사람은 없을 것이다. 너무 긴장하지 말고 친절하게 승객의 입장에서 생각하여 풀어나가도록 한다. 질문을 잘 듣고 답변 시 간접화법으로 해야 할지 직접화법으로 해야 할지를 조금 더 신경 써본다. 실제 루프탄자 항공이나 핀 에어 파이널 면접에서 외국인 면접관이 승객 역할을 하며 직접 연기를 요구하는 경우도 꽤 많다.

상황 질문에는 정답이나 오답은 없다. 하지만 지원자들이 얼만큼 상식적으로, 또는 합리적으로 예기치 못한 상황을 처리하고 승객들에게 성실하게 그리고 친절하게 도움을 줄 수 있는지를 알아보기 위한 시험적인 질문이다. 어떤 한 상황에도 1. 공감, 감정이입 → 2. 문제를 해결하려고 하는 성실성, 친절함 → 3. 꾸준한 관심이 필요하다. 단어나 문장 선택 시 승객이 맘 상하지 않도록 요령 있게 대처한다. 사용하는 단어의 선택이나 전달하는 태도는 매우 중요하다. 완벽한 답변을 찾기보다는 왜 그렇게 할 것인지 본인의 답변을 조금 더 논리적으로 풀어간다.

기내 서비스나 상황 대처에 사용하기 유용한 문장들

1 시범을 보일 때 Demonstrating: "Let me show you how to do it. First··· and next··· Is that alright?"

제가 어떻게 하는지 알려 드리겠습니다. 처음엔··· 그다음엔··· 괜찮으세요?

2 음료나 음식 서비스할 때 Serving meals: "Here you are, sir/ma'am. Enjoy your meal. What would you like to drink?"

여기 있습니다. 맛있게 드세요. 음료는 무엇으로 드릴까요?

3 난기류 때 During turbulence: "Remain seated please. The seatbelt sign is on. I'm sorry, sir/ma'am but you'll have to wait."

자리에 앉아 계세요 좌석벨트 사인이 켜졌습니다. 죄송합니다만 기다리셔야 합니다.

4 감압 시 During a decompression: "Pull down the oxygen mask and place over your nose and mouth."

산소마스크를 잡아당겨서 코와 입에 착용하세요.

5 난동을 부리는 승객을 다룰 때 Dealing with disruptive passengers: "Please stop now, don't shout, you need to sit down and calm down."

그만 하세요. 소리 지르지 마세요. 앉으시고 진정하세요.

6 사과할 때 Saying sorry: "I'm very sorry about that, or I'm really sorry, I do apologize. "

그것에 대해 죄송합니다. 또는 정말로 죄송합니다. 사과드릴게요.

7 컴플레인을 처리 할 때 Handling complaints: "I do understand sir/ma'am, or I'm really sorry to hear that··· You're quite right, What can I do to help?"

이해합니다. 또는 …이라니 너무 죄송합니다. 승객 말씀이 맞습니다. 무엇을 도와드릴까요?

8 승객의 문제를 다룰 때 Dealing with passenger problems: "Let me see what I can do for you or I'll see to it."

제가 할 수 있는 일 있는지 알아보겠습니다. 또는 제가 처리 하겠습니다.

9 심각한 의료 상황발생 시 During a serious medical incident: "Everyone sit down please, make room, help me lay him down."

모두 앉아 주세요. 공간을 만들어 주세요. 눕힐 수 있게 도와주세요.

10 아픈 승객에게 증상에 대해 질문할 때 Treating sick passenger: "Are you on medication? Where's the pain?"

약물치료 중이신가요? 어디가 아프세요?

11 착륙 후 아직 비행기가 움직이고 있을 때 When taxing: "I'm sorry, but you have to remain seated. You have to wait till the aircraft comes to a complete stop."

죄송합니다만 자리에 앉아 계십시오. 비행기가 완전히 멈출 때까지 기다려 주세요.

Language used when declining passenger's request or handling a complaint

승객의 요구 거절할 때나 컴플레인 처리할 때 유용한 문장과 방법

1. 사과 Apologize → 2. 감정이입 Show Empathy → 3. 상황 설명 Explain → 4. 차선책 제공 Offer An Alternative

1. 사과 Apologize

- I'm so sorry.
- I'm terribly sorry.
- I'm very sorry.
- I'm afraid that…
- I'm sorry. I'm afraid that…

2. 감정이입 Show Empathy

- I understand that you have…
- I understand that you are very unhappy because…
- I can understand that you are very unhappy because of…
- I know that you are very upset.
- I would feel the same way if…
- I'm sorry that you have had that experience
- Thank you for bringing the case to our attention.
- We appreciate your feedback for our continuous service improvement.
- I'm sorry about the inconsistent information provided by our staff.
- I'm really sorry to learn that…
- I'm sorry to hear about your (unhappy) experience.
- I can understand how you feel.
- I do understand your situation.
- I'm sorry you feel that way.
- I do share your concern.

3. 상황 설명 Explain

- But due to… we are not able to…
- It is a safety reason that passengers are not allowed to …

4. 차선책 제공 Offer An Alternative

- May I offer you…?
- You may… instead of…
- I will have to ask you to…

〈Sample Case 1–승객이 조종실을 방문하고 싶다고 함 〉

Passenger: Excuse me. I want to visit the cockpit to see the beautiful view of Hong Kong.

Cabin crew: I am very sorry, sir. I can understand that you want to visit the cockpit. But due to increased security measures, passengers are not allowed to visit the cockpit. May I offer you a seat by the window so you have a better view?

Passenger: I see. That'll do. Thank You.

승　객: 실례합니다만 홍콩의 아름다운 광경을 보려고 조종실 좀 가보고 싶은데요.
승무원: 정말로 죄송합니다. 조종실을 가보고 싶은 점 이해합니다. 하지만 강화된 안전 조치 때문에 승객들은 조종실 방문을 금하고 있습니다. 광경을 잘 보실 수 있도록 창가 좌석을 안내 해 드려도 될까요?
승　객: 그렇군요. 그러면 되겠네요. 감사합니다.

〈Sample Case 2–비행기 이륙 전 승객이 휴대전화 사용을 하려고 함 〉

Cabin crew: I'm sorry, madam. I'm afraid that you can't use the cell phone because we are about to take off.

Passenger: Yes, I know but I'll just make a quick call. I forgot to call my husband.

Cabin crew: I do understand your situation, madam. But it is a safety requirement that all mobile phones are switched off for take off and landing, as they may interfere with the cockpit instruments. You may use the air-phone 15 minutes after take off.

Passenger: I see. I think I will do that later. Thank you.

승무원: 죄송합니다. 이제 이륙하려고 하니 휴대폰을 사용할 수가 없습니다.
승　객: 네, 알아요. 짧은 통화만 할게요. 남편한테 통화하는 걸 잊었어요.
승무원: 상황은 잘 이해가 됩니다. 하지만 조종실 기계들을 방해할 수 있기 때문에 이륙과 착륙 시 모든 휴대폰의 전원을 꺼야 한다는 안전조치가 있습니다. 이륙 후 15분 후엔 기내 전화기를 사용하시면 됩니다.
승　객: 네 그렇군요. 나중에 그렇게 하겠습니다. 감사합니다.

169. How would you handle an angry passenger?

화난 승객을 어떻게 응대하겠습니까?

TIP

승객이 화난 이유가 개인 사정 때문일 수도 있고 우리 항공사 관련해서 화가 났을 수도 있다. 무엇 때문에 화가 났는지 승객의 말을 끝까지 경청하고 문제를 파악해서 불만이 있는 승객이든 화가 난 승객이든 더 불편하지 않게 할 수 있는 한 일 처리를 빨리해 주는 것이 중요 하다. 이미 화난 고객이 나로 인해 제2의 불만이나 화가 생기지 않도록 승객의 입장에 공감하며 친절하게 도와주도록 한다.

A Well, first of all, I will apologize for his/her discomfort or inconvenience. And I think I will let the passenger talk and I will listen carefully so that I can understand what his/her problem and try to find the solution for the matter. If I find the way I would be very happy to help my passenger. However, if there is no right solution for that problem, I would explain about the situation and offer alternatives because I want to make my passenger feel better and I will try my best.

음… 우선 저는 불쾌한 점이나 불편함 점에 대해 사과를 할 것입니다. 그리고 승객이 얘기하도록 하며 저는 승객에게 어떤 문제가 있는지 이해를 하기 주의 깊게 경청하고 그 문제를 해결하는 방안을 찾을 것입니다. 방법을 찾으면, 승객을 도와줄 수 있어서 매우 기쁠 것 같습니다. 하지만 그 문제에 대한 옳은 해결 방법이 없다면, 그 상황을 설명해주고 승객의 기분을 좋게 하기 위해서 차선책을 제공해 드리고 최선을 다할 것입니다.

You

170. How can you help mothers with children on your flight?

아이와 동반한 어머니 승객을 어떻게 도와주겠습니까?

TIP

아이와 함께 여행하는 것이 얼마나 힘든 일일지 상상해보자. 어머니를 옆에서 보조해 주는 것만으로 그리고 도움이 필요하면 언제든지 도움을 받을 수 있다는 확신만으로도 어머니 승객들은 마음을 놓을 것이다.

A I can imagine that it's not easy to travel with children. I think I will help her like any other passenger. But of course, I think I will give more attention to her children and assist a mother when she needs my help. I will try my best to give a comfortable flight for both a mother and her children.

아이와 함께 여행한다는 것은 쉬운 일이 아닐 것입니다. 저는 다른 승객들과 마찬가지로 어머니를 도와줄 것입니다. 하지만 물론 제 도움이 필요할 때면 아이와 어머니에게 더 많은 관심을 기울일 것이고 어머니를 도와줄 것입니다. 저는 아이와 어머니 모두 편안한 비행이 되도록 최선을 다할 것입니다.

You

171. If one of your passengers is sick, what should you do?

승객이 아프면 어떻게 하겠습니까?

TIP

보통 만성질환이 있는 승객의 경우 미리 항공사에 알려 기내에서 승무원들이 알고 있는 경우가 많다. 승객이 갑자기 아프게 된 건지 지병 때문에 아픈 건지의 확인이 필요하다. 필요한 상황에 따라 다루어야 할 절차가 다를 것이며 승객을 위해서 최선을 다하는 동안 다른 동료나 상급 동료에게 상황을 알려 적절한 조치를 할 수 있게 한다. 또한, 기내에 도움을 줄 수 있는 적절한 의사나 간호사가 있다면 도움을 요청할 수도 있다.

A I think I should have to give full attention to the passenger. And, I have to know what is his/her condition. If it's just a slight fever or cold, I'll go and ask if anything is needed. If the passenger is sick with a chronic condition, my colleague and I would have to give more attention to the passenger. I will do my best give the right treatment for a sick passenger with my colleague. And, if there is a right doctor or nurse who can help a sick passenger we might ask for a help. I think that's why I should study hard about first aid in a training class.

저는 그 승객에게 항시 관심을 기울여야 한다고 생각합니다. 그리고 승객의 상태가 어떤지 알고 있어야 합니다. 가벼운 열이나 감기라면 필요한 것이 없는지 가서 확인할 것입니다. 만약 만성질환으로 아프다면, 저와 동료들이 그 승객에게 더 많은 주의를 기울여야 할 것입니다. 저는 동료와 함께 그 아픈 승객을 위해 적절한 조치를 취하도록 최선을 다하겠습니다. 그리고 기내에 그 아픈 승객을 도와줄 수 있는 적절한 의사나 간호사가 있다면 도움을 요청할 것입니다. 그래서 교육 시간에 응급처치에 대해 열심히 공부해야 하는 이유인 것 같습니다.

You

172. If one of your passengers tells you that this is her first time flying and she is nervous. What can you do to comfort her?

승객이 첫 비행이라 떨린다고 얘기합니다. 승객에게 무어라 말하겠습니까?

TIP

누구에게나 첫 비행의 경험은 있을 것이다. 그리고 첫 비행이 아니더라도 비행에 대한 두려움이 있는 승객을 만날 수 있다. 도움이 필요하면 승무원들이 언제든지 달려올 수 있다는 확신을 주는 것이 중요하며 비행 중간마다 대화하며 잘 지내는지 확인해 주는 것 또한 중요하겠다.

A I remember my first time flying when I was a little bit nervous too, so I think I understand how she feels. I think I can talk to her that flying is fun than she can ever imagine. And, I will tell her that I will take good care of her and she has nothing to worry about. I will also let her know how to use the entertainment system if it's available and whenever she needs me she can push the call button and I'll be right by her side. I hope to give her a good impression of her first flight and let her forget the nervousness.

저도 처음 비행기를 탔을 때 조금 떨렸던 것을 기억합니다. 그래서 어떤 느낌인지 잘 이해할 수 있습니다. 저는 비행이 생각하는 것보다 더 재미있을 것이라고 말해 줄 것입니다. 그리고 제가 잘 보살펴 줄 것이고 아무것도 걱정할 것이 없다는 것을 이야기해 줄 것입니다. 만약 가능하다면 오락 프로그램을 어떻게 이용할 수 있는지 알려주고 제가 필요하면 언제든지 콜 단추를 누르면 되고 저는 바로 달려갈 것입니다. 저는 첫 비행의 좋은 인상을 주고 싶고 두려움을 잊게 해 주고 싶습니다.

You

173. During the collection of the trays after a meal service you notice one of your passengers did not eat his meal. What would you do?

식사 서비스 후 식판을 수거하다가 식사를 하지 않은 승객을 발견했습니다.
어떻게 하겠습니까?

TIP

이 상황은 승객에 대한 약간의 배려가 더 필요한 것 같다. 식판 수거할 시간이라고 해서 손 하나도 안 댄 식판을 물어보지도 않고 걷어가는 것은 무례하게까지 보일 수 있다. 아무리 바쁘더라도 걷어도 되는지 여부를 승객에게 확인한다.

A　I think I will ask him if he has finished the meal and I will explain that I have to collect the tray. If he says he has no appetite and he doesn't want to eat then I would collect the tray. However, I would offer him something else like nuts, crackers or other snacks which are available in flight.

저는 식사를 다 한 것인지를 물어볼 것이고 음식을 수거해야만 한다는 것을 설명할 것입니다. 만약 식욕이 없고 먹고 싶지 않다고 한다면 음식을 가져갈 것입니다. 하지만 저는 기내에서 가능한 땅콩, 크래커나 스낵을 권해 드릴 것입니다.

You

174. A passenger refuses to stow his baggage in the overhead bin. What would you do?

한 승객이 선반에 짐을 넣기를 거부하십니다. 어떻게 하겠습니까?

TIP

중요한 물건은 본인이 직접 챙기고 싶어 하는 마음이 있어 가방을 기내 선반에 넣지 않고 비행 동안 가지고 있고 싶어 하는 승객들이 있다. 충분히 이해가 가는 상황이다. 하지만 안전을 위한 규칙들은 꼭 지킬 수 있도록 승객에게 친절하게 요구하도록 한다.

A I understand that he might have a reason why he doesn't want to. But, because of passenger safety I will tell him that it is not safe to hold his bag. If there is turbulence the bag might hurt him or other passengers. For the safety of all passengers, I will ask him once again to put his bag inside the overhead bin.

그렇게 하고 싶지 않은 이유가 있을 수 있다는 것을 이해합니다. 하지만 승객의 안전 때문에 저는 가방을 가지고 있는 것이 안전하지 않다는 것을 말해 줄 것입니다. 만약에 난기류가 있으면 가방이 본인이나 다른 승객을 다치게 할 수 있습니다. 모든 승객들의 안전을 위하여 저는 머리 위 선반 안에 가방을 넣어야 한다고 다시 한 번 부탁할 것입니다.

You

175. If a passenger feels airsickness, what should you do?

한 승객이 멀미가 난다고 합니다. 어떻게 하겠습니까?

TIP

우리가 생각하는 것보다 비행기 멀미하는 승객들이 많이 있다. 비행기를 많이 타 보지 않았거나 속이 안 좋은 경우가 그럴 수 있겠다. 멀미로 고생하는 승객들에게 토사 봉투를 확실하게 챙겨 주고 화장실 가까운 곳에 빈자리가 있으면 자리 변경도 가능할 것이다. 그리고 멀미약을 요구하는 경우에는 우선 약이 있는지 확인한 후 승객에게 약을 보며 주며 이름도 알려주고 복용해도 괜찮은지를 확인 후 제공하도록 한다. 그리고 비행 내내 승객의 상태를 체크해 주도록 한다.

A I would offer a cold drink or medicine if the passenger is ok with that and a courtesy bag/sick bag just in case. And, I would monitor the passenger during the flight to see if the passenger is doing alright.

승객이 시원한 음료나 먹어도 괜찮다고 하면 약을 제공할 것이며, 혹시 모를 일에 대비해 토사물 봉지를 갖다 줄 것입니다. 그리고 승객이 괜찮은지를 비행하는 동안 계속 살필 것입니다.

You

176. What would you do if a passenger is in a deep sleep when you are serving meals?

식사 서비스 중 주무시고 계시는 승객이 있다면 어떻게 하겠습니까?

TIP

식사 카트를 끌고 승무원들이 분주하게 왔다 갔다 하다 보면 이런 소리에 수면 중에 깨는 승객들이 많이 있다. 하지만 식사 서비스할 차례인데도 수면 중인 승객이 있다면 보통 일행이 깨워 주기도 한다. 깨우기 어렵다면 동행에게 식사를 어떻게 했으면 좋겠는지 물어보는 것도 좋다. 만일 혼자 여행하는 승객인 경우는 아래 답변처럼 일단 그냥 두고, 수면 후엔 식사를 꼭 챙겨 줄 수 있도록 한다. 또한, 승객이 불쾌해하지 않을 정도로 최대한 예의 바르게 살짝 깨우는 경우도 가능하다.

A Well, I think I would probably leave him alone because I believe that the passenger's needs have to be prioritized. However, I'll make sure that he gets a meal when he wakes up. I heard that there is a note that we can post on the seat on board so that he or she can see it when awake. And, I will let other crew members know about this situation.

승객의 필요사항이 우선시 되어야 하므로 그냥 주무시게 하는 것이 좋을 것 같습니다. 하지만 일어나시면 식사를 꼭 챙겨드릴 것입니다. 승객이 일어나셨을 때 볼 수 있도록 좌석에 붙여 놓을 수 있는 메모가 있다고 들었습니다. 그리고 저는 다른 동료들에게 그 상황을 알려줄 것입니다.

You

177. How would you handle the situation when many passengers seem very upset about a flight delay?

승객이 비행 지연으로 많이 화가 나 있다면 어떻게 상황을 대처하겠습니까?

TIP

비행 지연으로 이미 화가 많이 나 있는 감정적인 승객을 대하는 것은 민감한 일이다. 비행기 지연의 정도와 앞으로의 상황을 잘 파악하고 최대한 승객의 기분이 더 상하지 않게 친절한 서비스로 만회할 수 있도록 노력한다.

A

I believe the cabin crew should be more caring and patient under that kind of circumstance because I understand that passengers already feel frustrated with the flight delay. And, I think passengers need to know what is going on and it is very important to keep the passenger well informed. Also the cabin crews should work together to provide efficient service to make up for it.

승객이 지연된 비행으로 짜증이 날 수 있다는 것을 이해하기 때문에 이러한 상황에서는 승무원들이 더 잘 보살피고 인내해야 한다고 생각합니다. 그리고 승객들이 어떻게 돌아가는지 알 필요가 있다고 생각하고 승객들에게 지속적인 정보를 주는 것은 매우 중요하다고 생각합니다. 또한, 승무원들은 승객들에게 만회 할 수 있도록 효과적인 서비스를 제공하기 위해 함께 협조해야 한다고 생각 합니다.

You

178. How would you deal with a situation when you and your co-worker had a strong disagreement on something and it seems obvious to the passenger's eyes?

승객들 앞에서 동료와 의견 불일치로 불화가 있다면 어떻게 상황을 대처하겠습니까?

TIP

일을 하다 보면 아무리 같은 승무원 교육을 받았다 하더라도 스타일이나 견해가 조금씩 다를 수 있다. 하지만 승객들 앞에서는 절대 언쟁해서는 안 되며 일을 마칠 수 있도록 한다. 만일 동료의 의견이 도저히 이해가 되지 않는다면 서비스 후 여분의 시간이 있을 때 좋은 말로 물어보도록 한다. 그녀 또한 그렇게 생각할 만한 이유가 있을 것으로 생각한다. 하지만 안전에 관한 이유가 아닌 한 사소한 의견 충돌은 크게 신경 쓰지 말고 서로 받아들이면서 일할 수 있도록 한다.

A Well, I think I will keep working with her because we have duties to do. And, when we have spare time after service I might talk to him or her to solve the disagreement. I think she might have a reason why she thinks that way. However, if it's not about safety issue I think I will just accept the difference and go along with her.

우리는 해야 할 임무가 있기 때문에 그 사람과 계속 일을 해야 할 것입니다. 서비스 후에 여분의 시간이 생기면 저는 의견충돌을 해결하기 위해 대화를 시도할 것입니다. 그녀도 왜 그렇게 생각하는지 이유가 있을 거라 생각합니다. 하지만 안전에 관한 일이 아니라면 웬만하면 다른 것을 받아들이고 동료를 따를 것입니다.

You

179. If you noticed a few passengers looking bored, what would you do to help relieve their boredom?

몇몇 승객이 지루해 보이는 걸 알아차렸다면 그들을 위해 무엇을 하겠습니까?

TIP

많은 사람에게 비행기를 탄다는 것은 웬만해선 즐거운 일이 아닐 거라 생각한다. 특히 10시간 이상의 장거리 비행은 승객들을 정말 지치게 한다. 이럴 때 약간의 대화나 정겨운 수다는 승객의 즐거움이나 이용하는 항공사에 대한 친근함을 위해 필요할 수 있다.

A Well, I understand that passengers can get bored because there is nothing much to do on a plane. I would go and have a small talk with them and I'd like to offer them something to read like a magazine or paper. I also would offer something to drink.

비행기 안에서 할 수 있는 것들이 많지 않기 때문에 승객들은 지루해질 수 있다는 것을 잘 알고 있습니다. 저는 가서 대화를 좀 나누고 잡지나 신문과 같은 읽을거리를 제공해 드릴 것입니다. 또한, 마실 것도 제공해 드릴 것입니다.

You

180. What would you do if a passenger or another crew blacked out during a flight?

비행 도중 승객이나 동료가 기절한다면 어떻게 상황을 대처하겠습니까?

TIP

비행하면서 승무원이나 승객에게 일어나지 않길 바라는 일이다. 이 상황에서는 일단 침착하게 상황을 파악하고 필요한 조치를 취한다. 대부분의 항공사들은 이러한 상황에 적절히 대처할 수 있도록 꾸준한 교육을 실시하고 있다. 또한, 기내에 도움을 줄 수 있는 적절한 의사나 간호사가 있다면 도움을 청할 수도 있다.

A First, I will calm down myself and look at the situation and find the right thing to do according to what I learned at training school. If I can't deal with the situation, I will get help from a senior crew. And, if there is a right doctor or nurse who can help a sick passenger we might ask for a help. I think that's why I should study and update myself about the first aid and emergency situations before and after the flight.

우선 저 자신부터 침착하게 하고 교육에서 배웠던 것처럼 상황에 맞는 바른 조치를 할 것입니다. 만약에 제가 그 상황을 대처할 수 없다면, 선배 승무원에게 도움을 청할 것입니다. 그리고 기내에 그 아픈 승객을 도와줄 수 있는 적절한 의사나 간호사가 있다면 도움을 요청할 것입니다. 그래서 비행 전과 후에도 응급조치나 비상상황에 관한 공부와 업데이트를 계속해야만 하는 이유인 것 같습니다.

You

181. What would you say to the passenger who asks for another entrée/meal?

식사를 더 원하는 승객이 있다면 어떻게 하겠습니까?

TIP

양이 하나로 차지 않는 승객들이 있을 수 있다. 음식 여분이 많이 있으면 주어도 크게 상관은 없다. 하지만 서비스 중간에는 여분이 있을지 확실치 않으니 모든 승객의 서비스가 끝난 후 겔리 담당자 승무원에게 여분의 음식이 있는지 확인한다. 여분이 있다면 조용히 승객에게 가서 제공하도록 하고 만약 여분의 음식이 없다면 승객에게 가서 설명 후 혹시 제공할 만한 빵이나 가능한 것을 권해 보도록 한다.

A I think I would tell him or her that I can let him/her know after finishing meal service if we have an extra meal. And I would ask my senior or who is in charge of meals in the galley if I can serve one to my passenger. If she says yes, I would serve it pleasantly, or if I can't, I have to go to my passenger and say sorry we don't have any extra meals. After that, I won't forget to offer alternatives such as extra bread roll or other snacks available on board.

저는 가서 여유분의 식사가 있는지를 서비스가 끝난 후 확인해서 알려줄 수 있다고 말하겠습니다. 그리고 갤리 책임 승무원이나 선배에게 제 승객에게 제공해 줘도 되는지를 물어볼 것입니다. 만약 된다고 하면 즐거운 마음으로 식사를 제공해 드릴 것이고, 안된다고 하면 승객에게 여유분의 식사가 없다고 죄송하다고 말할 것입니다. 그 후엔 차선책으로 빵이나 기내에 가능한 스낵이 있으면 권하는 것을 잊지 않을 것입니다.

You

182. What would you do if a passenger pinches you or grabs you?

만약 어떤 승객이 당신을 꼬집거나 잡아서 부른다면 어떻게 하겠습니까?

TIP

이런 경우를 접한 승무원들이 많이 있을 거라 생각한다. 필자도 서울 비행에서 자주 일어났던 일이다. 승객들은 자리에 앉아있고 승무원은 통로로 걸어 다니다 보니 승객이 지나가는 승무원을 부르기 위해 팔을 뻗으면 거의 위치가 허리나 엉덩이 쪽이 되는 경우가 많다. 고의적이든 아니든 유쾌하지 않은 일이다. 하지만 기분 나쁘다고 너무 강하게 표현하지 않도록 하고 나는 그냥 넘어갈 수 있지만 다른 승무원을 위해서라도 승객에게 승무원 부르는 방법을 구체적으로 알려주도록 한다.

A I wouldn't think he did that intentionally so I won't take it personally, but I would go and check if he called me because he needs me. If so, I would tell him my name or I would let him know how to use a call button for the next time.

의도적으로 그런 것이 아닐 것으로 생각해서 개인적으로 받아들이지는 않을 것입니다. 하지만 제가 필요해서 부른 것인지를 가서 확인할 것입니다. 만약 그렇다면, 다음번을 위해서 제 이름을 말해 주거나 호출버튼을 사용하는 방법을 알려 줄 것입니다.

You

183. Would you agree that keeping the aircraft/galley/toilet(lavatory) clean is the responsibility of cabin crew?

기내를 청결히 유지 하는 것이 승무원의 임무라고 생각합니까?

TIP

대부분의 항공사는 진공청소기를 돌린다거나 쓰레기를 모은다거나 하는 일 같은 기내 청소를 하지는 않는다. 하지만 일단 비행기가 이륙한 다음에는 기내 청결을 유지해야 한다. 승객의 안락한 비행 공간을 위해서 기내와 화장실의 청결을 유지하며 갤리는 음식을 다루는 곳이니 위생상의 이유나 일의 효율성을 위해 청결유지는 중요한 기본적인 업무이다. 그리고 안전상의 이유로도 청결을 유지해야 한다. 좁은 통로에 플라스틱 컵이나 비닐 같은 것이 떨어져 있다면 특히, 소등을 한 밤 비행은 더더욱 조심해야 한다. 그리고 화장실 같은 경우도 바닥에 쓰레기가 있거나 물이 고여 있어 승객이 미끄러져서 넘어지는 사고가 생길 수도 있으니 자주 확인하고 청소해야 한다.

A1 Sure, I agree. I know that when things are in order and clean, it's easier and more effective for work. I believe that keeping the aircraft clean including the cabin, galley and lavatories is important to provide comfortable and pleasant trip for passengers.

물론 동의합니다. 저는 물건들이 정리되고 청결하면 일하는데 더 효과적이고 더 쉬워진다고 생각합니다. 기내, 갤리 그리고 화장실을 포함한 비행기를 깨끗하게 유지하는 것은 승객들에게 편안하고 즐거운 여행을 제공하는 데 중요하다고 생각합니다.

A2 The galley is the place where the cabin crews handle food and drinks. It's very important to keep the surroundings clean for hygienic reasons in order to prevent the spread of disease to ourselves and passengers.

갤리는 승무원이 음식과 음료를 다루는 곳입니다. 우리 자신들과 승객들에게 병균이 확산되는 것을 막기 위한 위생상의 이유로 주위 환경을 깨끗하게 유지하는 것은 매우 중요합니다.

A3 I think keeping toilets clean is important to provide a comfortable and pleasant flight. Most of the time, there are so many people in flight, and many people use the toilet. I think checking and cleaning toilets from time to time is one of the duties of cabin crews.

화장실을 깨끗하게 유지하는 것은 편안하고 즐거운 비행을 제공하는 데 중요하다고 생각합니다. 대부분 비행에 많은 사람들이 있고 많은 사람들이 화장실을 사용합니다. 때때로 화장실을 확인하고 청소하는 것은 승무원의 임무 중 하나라고 생각합니다.

You

184. What would your action be in case of emergency in flight?

비상상황 시 어떻게 대처하겠습니까?

TIP

비행하면서 누구도 바라지 않은 일이 바로 비상상황이다. 하지만 바라지 않는다고 안 일어나는 것도 아니니 항상 철저히 준비해야 한다. 이때 포인트는 승객들을 안심시켜 승무원의 지침에 잘 따를 수 있도록 하는 것이다. 승객들을 놀라게 해서 300명 승객이 소리 지르고 허둥지둥 되는 것을 바라지 않는다. 차분히 절차를 따르게 하여 비상상황에 생길 수 있는 불상사를 최대한 줄일 수 있도록 애쓴다.

A I think I must calm down myself first because I don't want to panic my passengers. Then I would take the actions and procedures according to what I learned from training school. In order to prepare for this kind of situation, I believe I have to study very hard in training school and update myself before each flight.

승객들을 당황하게 하지 않기 위해서 제 자신이 먼저 침착해야 한다고 생각합니다. 그런 다음 교육에서 배웠던 것에 따라 행동과 절차를 밟을 것입니다. 이러한 상황을 대비하기 위해서 교육할 때 열심히 공부해야 하고 매번 비행 전에 자신을 지속적으로 업데이트시켜야 한다고 생각합니다.

You

185. What would you do if your partner is lazy and neglects her duty?

만일 함께 근무하는 파트너가 게으르고 임무를 다 하지 않는다면 어떻게 하겠습니까?

TIP

승무원으로서 우리는 정말 다양한 동료들과 함께 한팀으로 근무해야 한다. 이 질문의 포인트는 이 동료를 게으른 사람으로 단정 짓지 않는 것이라고 생각한다. 이 동료가 매번 이럴 것이라는 선입견을 버리고 다음 예문과 같이 답변을 하도 록 한다. 우리는 게으른 동료든 일 잘하는 동료든 누구와도 함께 일할 수 있어야 한다. 승무원 일은 팀워크라는 것을 절대 잊어선 안 된다.

A

Well, I wouldn't think she is always like that. She might not feel well/feel under the weather. In that kind of case, I am willing to work harder to cover her job and speed up my work because I know that I have passengers to serve and jobs to finish. However, I would ask for her help when I need her hand when I am not able to handle by myself. After all, we are one team.

항상 그런 것을 아닐 것이라고 생각합니다. 아마도 몸이 안 좋아서 그럴 수도 있을 것입니다. 이러한 경우 저는 파트너의 일을 커버하기 위해서 더 열심히 기꺼이 일할 것이고 서비스해야 할 승객들이 있고 임무를 완수해야 하는 것을 알기 때문에 일에 속도를 낼 것입니다. 하지만 저 혼자서 할 수 없을 때에는 도움을 요청할 것입니다. 결국에는 우리는 한팀이니까요.

You

186. What would you say to the passengers who are standing and talking in front of the exit area when the captain has just turned on the seat belt sign because of the turbulence?

비행 중 난기류 때문에 안전벨트 착용 사인이 켜졌다면 비상구 앞에서 얘기하던 승객들에게 다가가 뭐라고 말하겠습니까?

TIP

실제로 이 질문을 KLM 파이널에서 직접 면접관이 지원자에게 연기를 요구한 적이 있다. 너무 단순한 질문이고 답변도 단순하겠지만 의외로 직접 화법으로 했을 때 친절하지 않게 들리는 지원자들이 많이 있다. 떨어진 지원자의 답변은 '좌석벨트 사인 들어 왔는데 못 보셨어요? 어서들 자리로 돌아가세요.'였다. 우리는 절대 승객을 가르치려고 하면 안 된다. 그냥 친절히 안내해줄 뿐이다. 그리고 승객들이 알아서 모든 것을 해주면 편하긴 하겠지만, 승객의 안전을 위해서 좌석벨트 사인을 다시 한 번 알려주는 것도 우리의 임무이다.

A I think I will tell them, "Excuse me and I'm sorry to disturb you, I would just like to let you know that the seat belt sign has just turned on. Please go back to your seats and fasten your seat belts for your safety. Thank you."

"방해해서 죄송합니다만 좌석벨트 착용 불이 막 켜졌다고 말씀드리러 왔습니다. 자리로 돌아가서 안전을 위해서 좌석벨트를 착용해 주시기를 바랍니다. 감사합니다."라고 말을 할 것입니다.

You

187. What will you do if children are running around and making noise in the cabin?

기내에서 아이들이 뛰어다니고 소란을 피운다면 어떻게 하겠습니까?

TIP

어른들에게도 힘든 비행이 아이들에겐 더 힘들 거라는 생각을 해 보자. 그리고 아이들은 한 자리에 가만히 앉아 있는 것을 잘하지 못 한다. 하지만 좁은 기내를 돌아다니다 넘어져 다칠 위험이 있으니 자리에 앉아 있을 수 있도록 아이들이 집중할 수 있을 만한 기내에 준비된 장난감을 제공하도록 한다.

* 주의할 점 아이의 보호자나 아이가 듣기 불편한 말은 삼가도록 한다. 실제 면접에서 한 지원자가 이렇게 답변했다. 아이의 부모에게 가서 '아이가 시끄럽게 돌아다녀서 승객들이 컴플레인하니 주위 좀 시켜 달라'고. 이 답변은 아이를 자리에 있게 하는 방법일 순 있으나 너무 배려 없고 무례한 답변이다. 다른 승객의 불편도 헤아려야겠지만 아이와 아이의 부모도 우리가 신경 써줘야 하는 승객이다. 승객의 마음을 상하게 해서 또 다른 불만이 들어오지 않도록 승객의 입장을 이해하고 도와주려고 노력해야겠다.

A I understand that staying in the cabin offers nothing much to do and can be very boring especially to children. I think I would take them to their parents and tell the parents that running around in the cabin can be dangerous because children might fall down and get hurt. I would give them a toy or play things available on board so that they can stay in their seats and have fun.

기내에 머무는 것이 할 일이 많이 없고 특히 아이들에게는 지루해질 수 있다는 것을 잘 이해합니다. 저는 아이들을 부모에게 데려다 주고 아이들이 넘어지고 다칠 수 있기 때문에 기내에서 뛰어다니는 것이 위험할 수 있다는 것을 말해 줄 것입니다. 저는 자리에 있으면서 재미있을 수 있게 기내에서 제공하는 장난감이나 완구를 주겠습니다.

You

188. What would you do if a drunken passenger asks for more alcoholic drinks?

술에 취한 승객이 술을 더 달라고 하면 어떻게 하겠습니까?

TIP

기내에서의 알코올 섭취는 우리가 지상에서 마시는 것보다 더 빨리 취하게 한다는 얘기는 많이들 알고 있다. 하지만 승객이 모를 수도 있으니 알려 주는 것도 나쁘지 않을 것이다. 그리고 요령껏 음료를 권하거나 술을 희석해서 약하게 가져다준다. 항공사마다 기내 알코올 서비스의 제한이 다르고 대처방법도 더 강해질 수도 있다.

A Well, I don't think I should serve him or her any more for the passenger's safety. I will offer him or her soft drinks or tea. Or I would delay his diluted drink so that he can have some time to sober up. And, I think I should let my colleague know about this situation so that he doesn't get a drink from other crew.

승객의 안전을 위하여 더 이상 제공해 주지 않을 것입니다. 저는 청량음료나 차를 제공해 줄 것입니다. 그렇지 않으면 술을 깰 수 있게 시간을 두어서 약하게 희석된 술을 나중에 갖다 드릴 것입니다. 그리고 이러한 상황에 대해 동료들에게 알려서 다른 승무원들에게 술을 받지 않도록 해야 한다고 생각합니다.

You

189. You spilled hot coffee on a passenger because of sudden turbulence. What would you do to help her?

갑작스러운 난기류 때문에 한 승객에게 커피를 쏟았습니다. 어떻게 대처하겠습니까?

TIP

여기서 커피를 쏟았다는 것은 아이스 커피가 아니고 뜨거운 커피다. 이 질문의 핵심은 승객의 안전에 관한 것이다. 뜨거운 커피가 승객 신체 부위에 쏟아져 데이진 않았는지 확인하는 것이 우선순위가 되어야 할 것이다. 그리고 이 상황에 맞추어 최선을 다해 조치하도록 한다.

A I think I should apologize to that passenger and ask if she is ok and bring a cold towel immediately to wipe it off. If she got burned, I will try my best to give the right treatment to help her get better such as applying ointment to the burnt area. And I will keep monitoring her condition during a flight whether she is doing alright.

승객에게 사과를 드리고 괜찮으신지 물어보고 즉시 차가운 수건을 가져다 드리겠습니다. 만약 화상을 입었다면, 승객의 상태가 좋아질 수 있도록 최선을 다해 데인 곳에 연고를 발라준다든가 하는 적절한 조치를 취할 것입니다. 그리고 비행하는 동안 괜찮은지 승객의 상태를 주시하겠습니다.

You

190. What would you say to the passenger who is smoking in the cabin or toilet?

기내나 화장실에서 담배 피우는 승객에게 무어라 말하겠습니까?

TIP

거의 모든 항공사가 금연비행이다. 많은 승객들도 알고 있지만, 도저히 비행하는 시간 동안을 참지 못해 화장실에서 몰래 흡연하는 승객들이 종종 승무원에게 적발된다. 특히 화장실에서의 흡연은 항공안전 및 보안에 관한 법률을 통해 엄격히 규제하고 있다. 진지한 문제로 받아들일 수 있도록 다시 한 번 금연 비행이라는 것을 강하게 알려주도록 한다. 실제로 금연규정을 어긴 승객은 벌금형에 처하거나 더 강한 처벌을 받기도 한다.

A I would say, "This is a non smoking flight. Please put out your cigarette immediately." I will probably say in a tactful but assertive way so that he or she can understand the situation and regulation more seriously.

"비행기 안에서는 금연입니다. 즉시 담뱃불을 꺼 주십시오."라고 말할 것입니다. 저는 더 심각하게 이 상황과 규정을 이해할 수 있게 요령 있고 단호하게 말할 것입니다.

You

191. One of your co-workers is rude to assengers what would you do?

동료 중 한 명이 승객에게 불친절하다면 어떻게 하겠습니까?

TIP

아무리 승무원이라고 해도 유난히 몸이 안 좋거나 안 좋은 일이 있을 수도 있다고 생각한다. 그런 마음이 서비스하는데 친절하지 않은 행동이나 말로 보일 수 있다는 것이 안타깝지만, 항상 팀이라는 것을 잊지 말고 서로 보조해주면서 일하는 것을 잊지 않는다.

A I think I would try to set a good example by being courteous and helpful to the customers and my co-worker. During the flight, I'd try to get friendly with her, and see if there was something going on that was making her unhappy. Maybe she would just want to talk, and her attitude would improve. I will try to help her as much as I can to enjoy our flight.

저는 승객들과 동료들에게 공손하고 도움이 될 수 있게 좋은 모범이 되도록 노력할 것입니다. 비행하는 동안, 저는 그 동료와 친하게 지내도록 노력할 것이며 안 좋은 일이 있는지 확인해 볼 것입니다. 단지 대화를 하는 것만으로도 태도가 나아질 수도 있습니다. 저는 우리의 비행을 즐길 수 있도록 동료를 도와주려고 노력할 것입니다.

You

192. How do you handle a situation if a senior is wrong about something?

만일 위 선배가 무언가 틀렸다고 생각하면 어떻게 하겠습니까?

TIP

비행을 하다 보면 시니어가 내가 트레이닝 스쿨에서 받은 교육과 다른 스타일로 서비스하는 경우도 종종 본다. 하지만 내가 배운 것과 다르다고 사사건건 물어보거나 확인하지 말고 경험 많은 시니어의 스타일을 존중해주면서 따르는 것이 팀으로 일하는데 더 수월하겠다.

A I think it depends on the situation. If I am a new hire on a job, I would probably not question a senior because I don't know much about my senior's work style or personality. I think I will just do my duties and go along with her. However, if it's about safety issue I would ask about it politely because I want to make sure I understand the situation.

상황에 따라 다를 수 있다고 생각합니다. 제가 신입이라면, 개인적으로나 선배의 스타일을 잘 모르기 때문에 아마도 의문을 가지지 않을 것 같습니다. 저는 저의 임무를 다 하고 그냥 선배를 따를 것 같습니다. 하지만 그것이 안전규정에 관한 거라면 그 상황을 잘 이해하기 위해서 공손하게 물어볼 것입니다.

You

193. If our roles were reversed, what question would you ask? If you were an interviewer, what question would you ask?

만일 면접관과 입장이 바뀐다면 무슨 질문을 하고 싶은가요?
본인이 면접관이라면 무슨 질문을 하고 싶은가요?

TIP

승무원에 대한 이해가 있어야 이 질문에 답변도 할 것이다. 본인이 답변을 잘할 수 있는 준비된 질문 중에서 찾아본다.

A I would like to ask about the candidate's qualifications. Since this position requires a lot of requirements, I think I would like to know what their qualifications are and what they are excel.

저는 지원자의 자격요건에 대해 물어보고 싶습니다. 이 직업이 많은 자격요건들을 요구하기 때문에, 저는 지원자의 자질이 무엇이고 어떤 부분에 뛰어난지 알고 싶습니다.

You

Chapter 17

In-Flight PA

기내방송문

Chapter. 17

17 In-Flight PA

기내방송문

Korean Air – 영어, 한국어 기내 방송문

TIP

대한 항공은 2차 영어 면접 볼 때 영어 기내 방송문도 함께 읽는다. 종이를 보면서 읽는다 하더라도 얼굴이나 입을 가리지 않도록 하며 톤을 높이고 약간의 미소를 띠며 읽는 것을 연습 해보도록 한다.

Welcome

■ Jeju

Good morning ladies and gentlemen. Captain Lee and the entire crew would like to welcome you on board Korean air, a sky team member. This is flight 1201 bound for Jeju. Our flight time today will be 50 minutes. During the flight, our cabin crew will be happy to serve you in any way we can. We wish you an enjoyable flight. And please direct your attention for a few minutes to the video screens for safety information.

■ New York

Good morning ladies and gentlemen. On behalf of Captain Kim and the entire crew, welcome aboard Korean air, a member of Sky Team, flight 081 bound for New York. Our flight time to New York will be 13 hours and 10 minutes after take off. Please refrain from smoking at anytime in the cabin and the lavatories. Also, the use of portable electronic devices is not allowed during take off and landing. If there is anything we can do to make your flight more comfortable, our cabin attendants are happy to serve you. Please enjoy your flight. Thank you.

Safety Announcement

Ladies & Gentlemen. The safety instruction card is in the pocket of the seat in front of you. Please read it. It shows you the equipment carried on this aircraft for your safety. A life jacket is in the pocket under your seat. To put it on, place it over your head. Clip on the waistband and pull it tight. Please do not inflate it while you are still inside the aircraft. An evacuation slide and life raft is at each door. Your crew will direct you to your door. Additional emergency exits are shown on the leaflet.

In case of emergency, oxygen masks will drop down in front of you. Please pull the mask down toward your face and place the mask over your mouth and nose. If you are traveling with a child, please attend to yourself first, then the child. Breathe normally, adjust the headband to suit yourself.

Departure

Ladies and gentlemen. This is Korean Air flight 1101 bound for Sydney. We are now just(a few/______)minutes away from an on-time departure. Please make sure that your carry-on items are stored in the overhead bins or under the seat in front of you. Also, please take your assigned seat and fasten your seat belt. Thank you.

Seat Belt Sign Off

Ladies, and Gentlemen. The captain has turned off the seatbelt sign, which means you can leave your seat now if you wish. However, for your own safety and the safety of others around you, you must keep your seatbelt fastened while you are seated. Should the seatbelt sign come on again during the flight, please return immediately to your seat, and for everyone's safety, you must keep your belt fastened while seated.

Should you wish to remove anything from the overhead lockers, please take care as some items may have moved during take off and could fall out on you or other passengers.

Passengers are reminded that this is a non–smoking flight, which means that smoking is not allowed anywhere in the aircraft, including the toilets which are not protected by smoke detector alarms. As a reminder, the non–smoking sign will remain illuminated throughout the trip.

Service Procedure

Ladies and gentlemen. We would like to briefly inform you about our service today. We will begin our in flight service starting with beverages, and (breakfast/ lunch/ dinner/ a light meal) will follow. Also, in–flight sales will begin after the meal service is completed.

And approximately ______ hours ______ minutes prior to landing, (breakfast/ lunch/ dinner/ a light meal) will be served. Thank you for choosing Korean Air. Have a pleasant flight.

Entertainment Service Announcement

(magazine)
For your enjoyment during our flight today, we have placed a complimentary copy of our in–flight magazine, Morning Calm, in the seat pocket in front of you. If you wish, please feel free to take this with you when you leave.

(Sky–shop)
Those interested in buying duty free goods will also find our sky–shop brochure in the seat pocket.

(Entertainment system)
If you are in the First or Business class sections, you will find controls for your reading light, call button and the in–flight entertainment system on the inside of your seat armrest. In the economy cabin, these controls are located on top of your seat armrest. To adjust your seat, push the round button beside the panel. Toilets for passengers seated in the economy cabins are located at the front, middle and rear of these cabins.

Tea, coffee and a full bar service will be available throughout the flight. If you require any special assistance, please contact a flight attendant nearest you. We are here to ensure that you have a comfortable and enjoyable flight. Later on we'll dim the cabin lights so you can get some rest. We recommend that while asleep, you keep your seatbelt fastened over the top of your blanket. This way it will not be necessary to wake you up should the seatbelt sign come on during the flight. If you don't want to be waken for breakfast, please advise a flight attendant. Thank you.

Arrival Information: Korea

Ladies and gentlemen, All passengers entering into Korea are requested to have your entry documents ready. For your information, our flight number is KE_______ and today's date is _____.

If you are carrying foreign currency more than 10,000 US dollars, or if you acquired more than 400 US dollars worth of articles abroad, please declare them on the customs form.

(U.S.A)
Ladies and gentlemen. In a moment, We will be distributing arrival cards and Customs and Quarantine declarations for L. A. There are three different U. S. immigrations forms and each passenger will be required to complete each forms, depending on your nationality, passport or Visa status. There are no immigration requirements for U. S. citizens.

If you hold a valid U. S. Visa, you are required to complete a WHITE I-94 Immigration Form. If you are traveling under the U. S. Visa Waiver Programme, then you must complete a GREEN I-94W Immigration Form. If you are not traveling under a U. S. Visa, then you must fill out a BLUE I-94T Immigration Form.

We are required to ask you to fill out the forms in INK and in BLOCK letters, with no alteration or cross outs. Please ask the Flight Attendant if you make a mistake and require another form. Each arriving traveler or head of family must complete the Customs Declaration Form. This includes citizens, Canadian citizens, Permanent residents of the Unites States and new immigrants to the U. S. A. Passengers traveling beyond the U. S. are regarded as being in transit and are not required to fill out an arrival card.

(Australia)

The immigration card must be completed by, or on behalf of, all passengers including children. The immigration card must be completed accurately and in particular the question relation to an address in Australia. In the event of an address being unknown this must be answered as "unknown." The customs and Quarantine Form must also be completed by all passengers. However, married couples traveling together with children under the age of 18 years aged only to complete one Customs and Quarantine Form. Thank you.

(New Zealand)

The immigration Form must be completed by, or on behalf of, all passengers including children. The customs and Quarantine Form must be completed by all passengers, except children 17 years or under who are traveling with a parent or legal guardian. Passengers under the age of 17 may be included on a parents or guardians declaration. Please note that the immigration Form and Customs and Quarantines is included in the welcome to New Zealand book. Thank you.

Turbulence

Ladies and gentlemen. We will be passing through turbulence. Please return to your seat and fasten your seat belt. Also, we will be suspending the beverage service. The service will be continued as soon as conditions improve.

Top of Descent Announcement

We hope you have enjoyed the in-flight entertainment. We are now preparing to land. The bar is closed and we will soon collect your headset. May I remind you to complete your arrival and immigration documentation by the time we arrive.

Headphone Collection

Ladies and gentlemen. We hope you have enjoyed our in flight entertainment. Our cabin attendants will be collecting your headphones. Thank you.

Before Landing

Ladies and gentlemen. We will be landing shortly. In preparation for landing, please your seat and tray table to the upright position, and open your window shades. Also please discontinue the use of all electronic devices until the aircraft has been parked at the gate.

Prepare for Landing

Ladies and Gentlemen. Now We're approaching Seoul Incheon international airport where the local time is 09:00. At this stage you should be in your seat with your seatbelt firmly, fastened. Personal television screens, footrests and seat tables must be stowed away and all hand luggage stored either in the overhead lockers or under the seat in front. Please ensure all electronic devices including laptop computers and computer games are turned off.

Farewell: General

Ladies and gentlemen. We have landed at Seoul Incheon international airport. For your safety, please remain seated until the seat belt sign is turned off. When you open the overhead bins, be careful as the contents may fall out. And also, please have all your belongings with you when you deplane. Thank you for flying Korean Air.

| 한국어, 영어 기내 방송문 |

Welcome (대한 항공 출발 안내방송)

승객 여러분. 여러분의 여행길을 대한 항공과 함께 해주셔서 대단히 고맙습니다. 이 비행기는 제주까지 가는 대한 항공 1261편입니다. 목적지인 제주공항까지의 비행시간은 이륙 후 50분으로 예정하고 있습니다. 안전운항을 책임지고 있는 김00 기장과 이00 사무장 그리고 객실승무원 9명이 여러분의 하늘 여행을 안내해 드리겠습니다. 손님 여러분 좌석벨트를 매셨는지 다시 한 번 확인해 주시고 화장실을 비롯한 모든 곳에서 담배를 삼가시기 바랍니다. 또한, 비행기가 뜨고 내릴 때는 안전운항에 영향을 주는 전자기기의 사용을 금지하고 있습니다. 특히 휴대용 전화기의 전원을 꺼두시는 것을 잊지 마시기 바랍니다. 대한 항공과 함께 하는 이 시간이 소중하게 기억되실 수 있도록 최선을 다하겠습니다. 제주까지 편안한 여행을 하시기 바랍니다.

Good morning(afternoon. Evening). Ladies and gentlemen. On behalf of Captain Kim and entire crew, welcome aboard Korean Air flight 1261 bound for Jeju. It is a pleasure to have you with us. Our flight time to Jeju will be 50 minutes after take - off. Please make sure that your seat belt is securely fastened and refrain from smoking during the entire flight. Also the use of portable electronic devices is not allowed during take - off and landing. Our cabin attendants are happy to assist you. Please enjoy flight. Thank you.

Government Regulation (수하물 보관법 및 전자 기기 사용제한)

승객 여러분. 안녕하십니까. 항상 저희 대한 항공을 아껴주시는 여러분께 깊이 감사드리며, 수하물 보관방법과 전자기기 사용금지에 관해 안내 말씀드리겠습니다. 안전하고 쾌적한 영향을 위해 깨지기 쉬운 물건이나 무거운 짐은 반드시 앞좌석 밑에 두시고, 선반 속에는 가벼운 물건을 보관해 주시기 바랍니다. 또한, 기내에서는 비행기 통신과 항법 장비에 영향을 미치는 휴대용 전화기, CD 플레이어, FM 라디오 사용이 금지되어 있습니다. 특히 휴대용 전화기를 가지고 계신 손님께서는 안전운항을 위해 전원을 꺼주시기 바랍니다. 여러분의 협조에 감사드립니다.

Good morning ladies and gentlemen. Welcome aboard. Thank you for choosing Korean Air. For your comfort and safety, all heavy or fragile items must be placed under the seat in front of you. Also, Cellular phones, CD player, and FM radios may not be used at any time and must be turned off in the cabin. Thank you for your cooperation.

Before take-off (이륙 전)

당 여객기가 이륙할 때까지 귀하의 좌석벨트를 착용해주시고 "금연" 표시판을 지켜보아 주셨으면 감사하겠습니다. 승객 여러분. 저희 대한 항공을 탑승하여 주심에 감사드립니다. 본 여객기는 747호기로써 일본 도쿄와 하와이를 경유 후 로스앤젤레스에 도착할 예정입니다. 비행 도중 고도 약 30,000피트를 유지하면서 비행할 예정입니다. 탑승시간은 이륙으로부터 10여 시간 비행하여 로스앤젤레스에 도착예정시간은 오후 7시 15분경이 되겠습니다. (비행 도중) 일기개황은 구름이 끼었다 맑았다 하겠습니다. (저희 여객기) 주조종사는 김00이며 객실 장은 이00입니다. 만약 비행 도중 부탁요구사항이 있으시면 머리 위의 버튼을 눌러주십시오.

Please fasten your seat belt and observe the "No Smoking" sign until it goes off. Ladies and gentlemen. We welcome you board Korean Air. This is flight 747 bound for Los Angeles via Tokyo and Honolulu. During our flight we will be flying at an altitude of 30,000 feet. We expect to be in the air for 10 hours after take off and arrive at Los Angeles at 7:15 pm. The weather en route will be cloudy and sunny. Our pilot in command is Mr. Kim And your purser is Ms. Lee. If we can do anything for you during our flight please push the button just above your head.

Safety Demonstration (안전비상에 관한 시범)

승객 여러분. 저희 비행기의 기내 압력은 여러분의 편안한 비행을 위해 조절되어 집니다. 그러나 비행 중 압력이 변하는 경우 여러분의 좌석 위로부터 산소마스크가 자동으로 내려올 것입니다. 이러한 경우 산소마스크를 잡아당겨 입과 코에 대고 꽉 조여 주십시오. 승무원의 시범처럼 마스크를 끈으로 고정하십시오. 산소마스크를 더 이상 착용하지 않아도 된다는 방송이 나올 때까지 계속해서 산소마스크를 통해 정상적으로 호흡하십시오. 보다 자세한 내용은 앞좌석의 주머니 안의 안전 지시 카드를 참조하시기 바랍니다.

Ladies and gentlemen. Our cabin pressure is controlled for your comfort. Should it change at any time during the flight. An oxygen Mask will drop automatically from the unit above your seat. Pull down the mask and place it firmly over your mouth and nose. Secure the mask with the strap as the cabin attendants are demonstrating. Continue to breathe normally until you are advised that the oxygen masks are no longer required. A detailed safety instruction card may be found in the seat pocket in front of you.

Take-off delayed (이륙 지연)

안내 말씀드리겠습니다. 지금 저희 비행기는 공항 관제탑의 이륙허가를 기다리고 있습니다. 저희 비행기의 이륙순서는 4번째이며 약 15분 후에 이륙할 예정이니 양해해 주시기 바랍니다. (관제탑의 허가가 나는 대로 이륙할 예정입니다.) 감사합니다. 승객 여러분 리스본 공항의 기상 상황 악화로 인해 이륙이 지연된 것에 대해 사과드립니다.

Ladies and gentlemen. May I have your attention please. We are waiting for clearance to rake –off. We are number 4 in line waiting to take –off and expect to depart in about 15 minutes. (and will be taking off as soon as clearance is given from the control tower.) Thank you. We would like to apologize for the delay in taking off today. This was caused by unfavourable weather conditions at Lisbon airport.

Malfunction (기체 결함으로 인한 이륙 시도 포기 안내방송)

승객 여러분, 엔진 중 하나가 고장 가능성이 있어 기장이 검사를 위해 파킹 지역으로 돌아가기로 결정했습니다. 불편을 끼쳐 죄송하오며, 상황에 대해서는 계속 알려드리겠습니다. 양해해주시면 감사하겠습니다.

Ladies and gentlemen. Due to a possible malfunction in one of the engines, the captain has decided to return to the parking area for an inspection. We're sorry for any inconvenience this may cause and we'll keep you inform of the situation. Your kind understanding will be appreciated.

Aborted departure (출발 정지)

승객 여러분, 나리타공항의 기상상태 악화(항공교통 혼잡/지상 업무상의 어려움)로 예정대로의 출발이 불가능함(에이프런으로 되돌아감)을 알려드립니다. 이로 인해 저희 항공기는 약 15분간 지연(다음 안내방송이 있을 때까지 자연/결항) 될 것입니다. 곧이어(공항라운지에서) 추가 방송이 있을 것입니다.

Ladies and gentlemen. We very much regret to inform you that due to deteriorating weather conditions (heavy air traffic/ ground handing difficulties) at Narita airport, we are unable to take off as scheduled. Our flight will therefore be delayed for 15minutes.(delayed until further notice/cancelled.) A further announcement will be made shortly.

Flight plan (비행 안내)

손님 여러분 안녕하십니까. 손님 여러분께 런던까지의 비행계획을 말씀드리겠습니다. 저희 비행기는 고도 35,000피트 시속 600마일로 비행해서 런던까지의 비행시간은 11시간 45분이 되겠습니다. 런던 도착 예정 시간은 오후 5시입니다. 또한, 서울과 런던 사이에는 9시간의 시차가 있으며 지금 런던 시간은 오전 4시입니다. 예보에 따르면 비행 중의 날씨는 대체로 양호하나 기류변화로 비행기가 갑자기 흔들릴 수 있으니 자리에 앉아 계실 때에는 항상 좌석벨트를 매주시기 바랍니다. 아무쪼록 즐거운 여행 되시길 바랍니다. 감사합니다.

Ladies and gentlemen. We would like to inform you of our flight plan. We will be flying at an altitude of 35,000 feet with ground speed of 600 miles per hour. Our flight time to London will be 11 hours and 45 minutes and we expect to arrive there at 5 p.m. The time difference between Seoul and London is 9 hours. The present time there is 4 a.m. The weather en route is forecasted to be generally fair. However, we would recommend you to keep your seatbelt while seated as a precaution against sudden turbulence. Thank you.

In- flight movie (기내 영화상영)

승객 여러분 저희 비행기는 잠시 후 영화를 상영해 드리겠습니다. 즐거운 시간 보내시기 바랍니다. 오늘 상영될 영화는 리차드 기어와 위노나 라이더 주연의 로맨틱 드라마 『뉴욕의 가을』입니다. 저희 승무원들이 헤드폰을 나누어 드릴 것입니다. 이 영화의 영어 사운드 트랙은 일등석 1번 채널, 이코노미석은 2번 채널에서 들으실 수 있습니다. 다른 채널에서도 음악을 들을 수 있으며 자세한 사항은 승객 여러분 앞주머니에 비치되어 있는 기내 잡지에 설명되어 있습니다. 감사합니다.

Ladies and gentlemen. We shall shortly begin our inflight movie, which we hope you will enjoy watching. Today's film is titled 'Autumn in New York', a romantic drama starring Richard Gere and Winona Ryder. Headsets are obtainable from the cabin crew. The English soundtrack of 'Autumn in new york' is channel 1 for the first class cabin and channel 2 for economy class cabin. Music is available on the other channels and details are given in the in-flight magazine which may be found in the pocket of the seat in front of you. Thank you.

In-flight Duty Free Shop (기내 면세품 판매)

승객 여러분 곧이어 저희는 면세품 판매를 시작하겠습니다. 다양한 종류와 담배와 술, 향수를 비롯한 면세품목에 대한 자세한 정보는 여러분 앞좌석 주머니에 있는 기내지에서 참조하실 수 있습니다. 승객 여러분들께서는 오늘 프랑스 프랑, 영국 파운드, 그리고 달러로 지불하실 수 있습니다. 여행자 수표와 신용카드도 사용이 가능합니다. 저희가 책정하는 환율은 현재의 은행환율과 차이가 있을 수 있음을 알려드립니다. 감사합니다.

Ladies and gentlemen. We shall shortly commence the sale of duty - free goods.

Full details of our selection of cigarettes, perfumes and other items are given in the inflight magazine which you will find in the seat pocket in front of you. On today' s flight we can accept French francs, British pounds and US dollars. Travellers cheques and major credit cards are in company rates which are not necessarily the current bank rates. Thank you.

기체 흔들림에 대한 안내방송 (Turbulence announcement)

승객 여러분, 우리 비행기는 잠시 후 난기류 지역을 통과할 것이라고 기장실로부터 보고를 받았습니다. 여러분의 안전을 위해 좌석벨트 착용 사인등이 꺼질 때까지 좌석벨트를 착용한 채로 자리에 앉아 계십시오. 감사합니다.

Ladies and gentlemen. Your captain advises that we are approaching an area in which air turbulence may be experienced. For your comfort, you are therefore kindly requested to remain seated with your seatbelt fastened until the 'fasten seatbelt' sign is switched off. Thank you.

Meal and Drinks (식음료 서비스)

승객 여러분 저희 비행기는 약 1시간 30분 후에 런던 히트로 공항에 도착하겠습니다. 지금부터 음료와 간단한 식사를 드리겠습니다. 계속해서 즐거운 시간 되시기 바랍니다. 감사합니다.

Ladies and gentlemen. We will be landing at London Heathrow airport in about 1 hour and 30 minutes. Soft drinks and a snack will be served in a few minutes. We wish you have a pleasant flight. Thank you.

Seat belt sign is on during meal service (서비스 일시 중단)

여러분의 안전을 위해 기류가 좋아질 때까지 잠시 기내 서비스를 중단하겠으니 양해해 주시기 바랍니다. 감사합니다.

For satiety reasons, we must discontinue our in flight service until conditions improve. Thank you.

Arrival Announcement (착륙 안내방송)

승객 여러분. 안내 말씀드리겠습니다. 우리는 앞으로 10분 후쯤이면 호놀룰루 국제공항에 도착할 예정입니다. 좌석 벨트를 매시고 금연하여 주시면 감사하겠습니다. 본 여객기가 완전히 정지할 때까지는 여러분의 좌석에 앉아 주십시오. 그리고 현지 시각은 오전 9시 20분입니다. 바깥 기온은 섭씨 28도, 화씨 82도입니다. 여기에서 내리실 모든 승객들께서는 여권과 입국카드를 당국의 검사에 필요하도록 미리 준비하여 주시길 바랍니다. 여러분의 여행이 즐거우셨기를 바랍니다. 감사합니다.

Ladies and gentleman. May I have your attention, please? We will be landing at Honolulu International Airport in 10 minutes. Please fasten your seat belt and refrain from your smoking. Please remain in your seat until this aircraft comes to a complete stop. The local time is 9:20 a.m and the temperature outside is 28 degrees Celsius, 82 degrees Fahrenheit. All passengers leaving here are requested to have their passports and disembarkation cards ready for inspection by the authorities. We hope that you have enjoyed your trip. Thank you.

Farewell (도착 안내방송)

손님 여러분. 호놀룰루에 오신 것을 환영합니다. 비행기가 완전히 멈춘 후, 좌석벨트 사인이 꺼질 때까지 잠시만 자리에서 기다려 주시기 바랍니다. 선반을 여실 때는 안에 있는 물건이 떨어지지 않도록 조심해 주시고 잊으신 물건이 없는지 다시 한 번 살펴주십시오. 언제나 대한 항공을 사랑해 주셔서 고맙습니다. 저희 승무원들은 손님 여러분과의 또 다른 만남을 기대하며 한결같은 정성을 다하겠습니다. 고맙습니다. 안녕히 가십시오.

Ladies and gentlemen. Welcome to Honolulu. For your safety, please remain seated until the captain has turned off the seat belt sign. Before leaving the aircraft, please make sure that you have not left any items behind. Thank you for flying Korean Air. And we wish you a pleasant stay here in Honolulu.

Cathay Pacific Airways – 한국어, 영어 기내 방송문

TIP

캐세이퍼시픽 항공사는 한국어 기내 방송문을 읽게 하고 있다. 다른 외국 항공사는 영어를 읽고 한국어로 해석하는 경우도 있으니 영어 또한 연습해 보도록 한다. 한국어와 영어를 함께 준비한다. 항공사 기내 방송에서 사용하는 단어들은 많이 비슷하니 여러 번 읽고 반복하여 익숙하게 해보자. 종이를 보면서 읽는다 하더라도 얼굴이나 입을 가리지 않도록 하며 톤을 높이고 약간의 미소를 띠며 읽는 것을 연습해보도록 한다.

| 한국어 기내 방송문 |

Overhead Compartment

승객 여러분 안녕하십니까? 안전 규정에 따라 휴대하신 짐은 앞좌석 밑이나 선반 안에 넣어 주십시오. 휴대하신 짐이 너무 크거나 무거워서 선반에 넣을 수 없을 경우, 화물칸으로 옮기 실 수 있도록 승무원들이 준비해 드리겠습니다. 아울러 선반을 여실 때는 먼저 넣은 물건이 떨어지지 않도록 주의해 주십시오. 짐을 넣으신 후에는 선반을 닫아 주시기 바라며 여러분의 협조에 감사드립니다. 모든 분들이 좌석에 앉으신 후에 비행기 문을 닫을 예정이오니 승객 여러분께서는 좌석에 앉아 주시기 바랍니다. 감사합니다.

Aircraft Refuelling

승객 여러분께 안내 말씀드리겠습니다. 이 비행기는 지금 급유 중입니다. 좌석 벨트는 풀어 주시고 좌석에 앉아 계시기 바랍니다. 기내에서의 흡연은 금지되어 있습니다. 여러분의 협조에 감사드립니다.

Welcome

승객 여러분, Cathay Pacific과 탑승한 모든 승무원을 대신하여 환영 인사드립니다.
이 비행기는 __________ 까지 가는 원 월드 항공 CX________편입니다. 이 비행기는 _codeshare_ 편과 공동 운항하고 있습니다. 마르코 폴로 클럽회원 여러분, 다시 뵙게 된 것을 기쁘게 생각합니다. 오늘이 ________편의 사무장은 _First name_ 씨며, 기장은 _Full name_ 씨입니다. 아울러_____까지의 비행시간은 _시간 _분으로 예정하고 있습니다. 저희와 함께 즐겁고 편안한 여행을 하시기 바랍니다. 지금부터 기내 안전에 대한 비디오를 주의 깊게 보아 주십시오.

After Take-Off Announcement

승객 여러분, 잠시 후 식사와 음료를 준비해 드리겠습니다. 여러분의 즐거운 여행을 위해 다양한 비디오와 음악 채널이 준비되어 있습니다. 프로그램에 대한 자세한 내용과 건강한 여행을 위한 간단한 기내 체조법은 기내지 Discovery에서 찾아보실 수 있습니다. 식사 서비스를 마친 후, 면세품 판매를 시작하겠습니다. 면세품에 대한 사세한 내용은 좌석 주머니에 준비된 기내지 Discover the Shop을 참고 하시기 바랍니다. 지금부터 노트북과 같은 전자기기를 사용하실 수 있습니다. 블루투스나 무선인터넷 기능이 있는 기기를 사용하실 경우, 항공기의 안전 운항에 저해될 수 있으니 이러한 기능의 연결은 해제하신 후 사용해 주시기 바랍니다. 아울러 여러분의 안전을 위해, 앉아 계실 때는 항상 좌석 벨트를 매주시고, 담요를 사용하실 때에는 담요 위로 좌석 벨트를 매주시기 바랍니다.

Inflight Sales Announcement

승객 여러분 잠시 후 면세품의 판매가 시작되겠습니다. 면세품에 대한 자세한 내용과 주문서는 좌석 주머니에 준비된 기내지 'Discover the Shop'에서 찾아보실 수 있습니다. 감사합니다.

Descent

승객 여러분, 저희 비행기는 _공항이름_ 으로 하강하고 있습니다.

With existing cabin product – 이제 좌석으로 돌아가셔서 신발과 핸드백을 포함한 모든 소지품을 제자리에 넣어 주십시오. 좌석 등받이, 테이블과 발 받침은 제자리로 해 주시고 좌석 벨트를 매셨는지 확인해 주시기 바랍니다.

With new cabin product – 이제 좌석으로 돌아가셔서 신발과 핸드백을 포함한 모든 소지품을 제자리에 넣어주십시오. 좌석 등받이, 테이블과 발 받침은 이륙 시와 같은 위치로 해주시고 좌석 벨트를 매셨는지 확인해 주시기 하랍니다.

모든 전자기기는 전원을 꺼주시고, 노트북은 전원을 끄신 후 앞좌석 밑이나 선반 안에 넣어 주십시오. 도착 후, 휴대전화를 사용하셔도 안전하다는 안내가 있겠습니다. 잠시 후 헤드폰과 유니세프 자선기금 봉투를 걷겠습니다.

〈If applicable〉 일등석과 비즈니스석 승객께서는 헤드셋을 제자리에 넣어 주시기 바랍니다.

After Landing

승객 여러분, 도시이름 에 도착했습니다. 지금부터 휴대 전화를 사용하실 수 있습니다. 안전 규정에 따라 비행기가 완전히 멈춘 후, 좌석 벨트의 작용 사인이 꺼질 때까지 좌석 벨트를 매 주시고 자리에서 기다려 주시기 바랍니다. 선반을 여실 때는 안에 있는 물건이 떨어지지 않도록 주의해 주십시오. 또한, 두고 내리는 소지품은 없는지 주위를 잘 살펴보아 주시기 바랍니다. ______편 기장 ______씨와 승무원을 대표하여 One World 항공 Cathay Pacific을 이용해 주셔서 감사합니다. 좋은 하루 되십시오.

Foot and Mouth disease Announcement For ICN

승객 여러분, 최근 대한민국에 구제역이 전국으로 확산 되면서 국립 수의과학 검역원에서는 검역 시스템을 대폭 강화하고, 축산업에 종사하거나 축산농가에 방문한 적이 있는 여행객께서는 도착 시 세관과 동물검역기관에 신고하여 주실 것을 요청하고 있습니다. 대한민국 검역 당국의 요청에 따라 세관 및 검역에 대한 비디오를 상영하오니 주의 깊게 시청해 주시기 바랍니다.

Parking Bay

승객 여러분께 안내 말씀드리겠습니다. 이 비행기는 지정된 터미널에 도착하지 않았습니다. 안전 규정에 따라 좌석 벨트 착용 사인이 꺼질 때까지 좌석 벨트를 매 주시고 자리에 앉아 계시기 바랍니다.

TPE Transit

– Transit Passengers May Choose To Disembark. Applicable to TPE only

승객 여여러분. 이곳 대만을 거쳐 ______으로 가시는 승객께서는 기내에 계시거나 혹은 통과 여객 라운지로 가실 수 있습니다. 통과 여객 라운지로 가실 분께서는, 모든 짐을 가지고 내리시고, 내리실 때 지상직원에게 탑승권을 보여주신 후 환승 카드를 받아 가십시오. 환승 카드는 재탑승 시 반환해 주시기 바랍니다. 기내로 돌아오신 후에는 지정된 좌석에 앉아 주십시오. 기내에 계실 분은, 화장실 사용을 삼가주시고 지정된 좌석에서 기다려 주시기 바랍니다. 경유지에 머무는 동안, 다른 승객들이 탑승하기 전, 보안 검사가 실시되겠습니다. 보안 검사가 끝날 때까지 모든 소지품은 내려서 보관해 주시기 바랍니다. 확인되지 않은 물건은 지상 직원에게 인계되며, 보안 검사를 마친 후에는 비행기에서 내리실 수 없습니다.

〈For Taiwan〉 100mL를 초과하는 술, 향수, 크림, 로션, 젤과 같은 액체 타입의 면세품을 구입하신 승객께서는 면세품을 투명 봉인 봉투에 포장하셨더라도 기내에 머물러 주십시오. 여러분의 협조에 감사드리며 신속히 출발할 수 있도록 최선을 다하겠습니다.

Head Count

승객 여러분께 안내 말씀드리겠습니다. 보안 검사의 절차에 따라 잠시 후 탑승 인원을 확인하겠습니다. 당분간 화장실 사용을 삼가주시고 지정된 좌석으로 돌아가 주시기 바랍니다. 감사합니다.

No Smoking

승객 여러분께 안내 말씀드리겠습니다. 기내에서는 금연해 주십시오. 여러분의 쾌적하고 안전한 여행을 위해 화장실에는 흡연 탐지기가 설치되어 있으며, 홍콩 및 항공법에 따라 화장실을 포함한 기내 모든 곳에서의 흡연은 금지되어 있습니다. 이를 어겼을 씨에는 법의 엄중한 처벌을 받게 됩니다.

Security Check
- With Transit Passengers Onboard

승객 여러분께 안내 말씀드리겠습니다. 승무원들이 보안 검사를 실시하는 동안 모든 짐은 선반에서 내려서 보관해 주시기 바랍니다. 여러분의 협조에 감사드립니다.

Cabin Temperature on Ground Announcement

승객 여러분께 안내 말씀드리겠습니다. 지금 기내가 많이 덥습니다./춥습니다. 승객 여러분께 사과드리며 이륙 후에는 정상 온도로 돌아올 예정이오니 양해해 주시기 바랍니다. 도움이 필요하시면 승무원에게 말씀해 주십시오.

Condensation Announcement

승객 여러분께 안내 말씀드리겠습니다. 이곳 현지 기후의 높은 습도로 인하여 기내 천장에서 물이 떨어지는 결로현상이 발생하고 있습니다. 승무원들이 여러분의 불편을 최소화하기 위해 최선을 다하고 있으며 이륙 후 이 현상은 없어질 것입니다. 불편을 끼쳐드려 대단히 죄송합니다. 도움이 필요하시면 승무원을 불러 주십시오. 감사합니다.

Found Items

승객 여러분께 안내 말씀드리겠습니다. _____에서 발견한 _____을 보관하고 있습니다. 물건을 잃어버린 분께서는 승무원에게 말씀해 주십시오.

Medical Assistance

승객 여러분께 안내 말씀드리겠습니다. 저희는 의료진의 도움이 필요합니다. 의료계에 종사하시는 분께서는 승무원에게 말씀해 주십시오

Paging Passengers

승객 여러분께 안내 말씀드리겠습니다. 승객 이름 손님을 찾고 있습니다. 기내에 계시면 승무원에게 말씀해 주십시오.

Inflight Duty Free Sales

– Unable to Carry out / Complete

승객 여러분, 제한된 비행시간으로 인해 면세품 판매를 마치겠습니다. 여러분께 불편을 끼쳐드려 대단히 죄송합니다.

Aerobridge Connection Delay

승객 여러분, 현지공항이 혼잡한 관계로/ 공항의 엔지니어가 부족한 관계로, 터미널과의 브리지 연결이 지연되고 있습니다. 저희 항공사의 지상직원이 최선을 다해 빠른 시간 내 하기할 수 있도록 노력하고 있으니 양해해 주십시오.

| 영어 기내 방송문 |

On Ground

■ Overhead Compartment

Good morning / afternoon / evening Ladies and Gentlemen :
It is a safety requirement that all hand carried items are stowed under the seat in front of you or in the overhead compartments. Please be careful when opening the overhead compartments, so that items inside do not fall out. Thank you.

■ Ground Personnel Deplane

The aircraft doors will be closed shortly. Would all ground personnel please leave the aircraft now. Thank you.

Welcome

Generic

Ladies and Gentlemen :
On behalf of Cathay Pacific and my team,
welcome onboard CX ______, our one world flight to ___________
〈destination〉 and onward to ___________ (destination)

To our Marco Polo Club members, it's a pleasure to see you again. For passengers interested in joining Asia Miles, application forms are available onboard. My name is 〈first name〉, your Inflight Service Manager.

■ Welcome PA made by other CREW

Our Inflight Service Manager is ______________ Captain __________ will take us to (destination) in _______ hrs and ________ minutes.

We're looking forward to making your journey a pleasant and comfortable one.

Please let us know if you need any assistance. In preparation for take–off, please ensure your mobile phones and all electronic devices switched off. All loose items including shoes, bags and laptop computers must be placed under the seat in front of you or in the overhead compartments. Thank you and enjoy the flight.

Meal Service Announcement

■ Long Haul Flights

We will shortly be serving drinks and __________. Snacks and drinks will be available throughout the flight. Before arrival in __________, we will be serving ________.

■ Short Haur

We will be serving __________ shortly.

■ Medium Haul

We will be serving drinks and ___________ shortly.

Descent PA

We are now descending into ________ 〈airport〉. The local time is _________, and the ground temperature is _________ degrees Celsius, or _________ degrees Fahrenheit. Would you kindly return to your seats and stow all your belongings, including loose items, shoes and handbags. Place your seat back upright, stow your table and footrest, and check that your seatbelt is securely fastened. Electronic devices such as laptop computers must be turned off and stowed under the seat in front of you or in the overhead compartments. Shortly after landing, the cabin crew will advise you that it is safe to switch on. In a few minutes, we will be collecting your headsets and UNICEF donations.

Transit PA

■ Transit Passengers Must Remain On Board

Ladies and Gentlemen.
It is a security requirement that all transit passengers remain onboard. During our stopover, please collect all your belongings, as a security check will be conducted. Please return to your original assigned seats and avoid using the toilets, so that we can clean and prepare the cabin. Thank you for your cooperation.

■ Transit Passengers Must Disembark

For security reasons, all passengers are required to leave the aircraft and proceed to the transit lounge. Please take all your belongings with you as any items left behind will be removed. Please return to your original assigned seat when reboarding the aircraft.

After landing

Ladies and Gentlemen :
Welcome to ________ 〈City〉 It is a safety requirement that you remain seated with your seatbelt fastened until the aircraft has stopped and the seatbelt sign has been turned off. Mobile phones may now be switched on. Please be careful when opening the overhead compartments, as items inside may fall out. Please ensure that you have all your belongings before leaving the aircraft. Our ground staff will be available to help you on arrival.

Aircraft Refuelling

The aircraft is now being refuelled. Please remain seated and do not fasten your seat belts. Please also be reminded that smoking is prohibited on board the aircraft at any time. Thank you for your cooperation.

Aircraft Switch

We have been informed that due to ________ we need to transfer to another aircraft. We apologize for the inconvenience. While waiting for further information, please have all your belongings ready for disembarkation.
Thank you.

Dimming Lights

We will be dimming the cabin lights for takeoff / landing. If you wish to use your reading light, the switch is located in your armrest.

Found Items

We have found a ________ in the ________. Would the owner please contact one of the Cabin Crew. Thank you.

Headcount

We will be counting the number of passengers on board shortly. Please return to your original seat and avoid using the toilets. Thank you for your cooperation.

Medical Assistance

May we have your attention please. We urgently need assistance of a medical doctor. If there are any medical personnel on board, please contact one of our Cabin Crew. Thank you.

No Smoking

Good morning ladies and gentlemen. Captain Lee and the entire crew would like to This is a non-smoking flight. For your comfort and safety, each toilet is equipped with a smoke detector. Smoking in the cabin and toilets is forbidden under Hong Kong law. Offenders are liable to a fine and imprisonment.

Turbulence

We are passing through an area of turbulence, please fasten your seatbelt. Thank you.

▪ If applicable (e.g during meal service)

We regret to advise you that we are unable to serve hot drinks at this time.

Delay

▪ Normal Delay

The Captain has informed us that due to ____________ our arrival / departure time has been delayed. We will keep you informed of our schedule. Thank you for your patience and understanding.

▪ Airport Bus Delay

We regret that the buses to the terminal are delayed. We will keep you updated on the progress. We apologize for any inconvenience caused.

Safety Demonstration Announcement

Ladies & Gentlemen, welcome aboard this Cathay Pacific Aircraft.
As Safety is our priority, please take a few moments to view the following presentation.

Mobile phones must be switched off until after landing. The Cabin Crew will advise you when you can switch them on again. Transmitting devices such as Walkie-talkies and remote control devices must not be used on the Aircraft.
Important Note : There are three versions of this announcement. Please select the announcement relevant to the aircraft / cabin product you are operating.

Before Take-Off

Safety Demonstration Announcement 1

All other electronic devices should also be switched off until 15 minutes after take-off, as these can interfere with aircraft instruments and systems.

For take off and landing, hand baggage and loose items must be placed under the seat in front of you, or stowed in the overhead compartment. Please be careful to ensure items placed in the overhead compartment do not fall out when the compartment is opened. The aisles and exits must be kept clear of baggage and any obstructions.

Seat belts are fastened and adjusted as shown. To unfasten the seat belt, lift the buckle. Children under 2 years old must use a "Child restraint device" when the seat belt sign is on.

We strongly recommend that you keep your seat belt fastened when seated as there may be unexpected turbulence during the flight.

If Oxygen is required, masks will drop automatically. Pull the mask down, place it over your nose and mouth. Adjust the strap. Breathe normally.

Attend to yourself before helping children or others. A Life Jacket is stowed under the seat or in the armrest.

Place the life jacket over your head. Secure the tapes firmly around your waist.

Inflate your life jacket when leaving the aircraft by pulling the red toggle firmly down, or by blowing into the tube. To attract attention, there is a whistle and a light. Infant life jackets and Flotation Cots are also carried onboard.

In an emergency, or when you hear "Brace, Brace" adopt the brace position which is shown in the safety instruction card.

Before Take-Off

Safety Demonstration Announcement 2

Escape path lighting is located along the aisles. The lights will be ON in an emergency. Exits are equipped with slides to assist an evacuation. Our Cabin Crew are pointing out your nearest exit now.

This is a non-smoking flight. There are smoke detectors with alarms in every toilet. Smoking in the cabin and toilet is forbidden under Hong Kong law. Offenders are liable to a fine and imprisonment.

We will soon be taking-off. Please ensure that your hand baggage, tables and televisions are safely stowed, seatbacks are upright and your seat belt is fastened.

Please read the safety card in the seat pocket. If you have any questions please ask a member of our Cabin Crew.

Thank you for your attention. We hope you will enjoy your flight with us.

Tiger Air - 중국어 기내 방송문

TIP

중국어 기내 방송문을 읽게 했던 항공사는 에어 마카오, 타이거 항공 등이 있다. 물론 중국어 가능자에게만 요청되었다. 항공사 기내 방송에서 사용하는 단어들은 많이 비슷하니 여러 번 읽고 반복하여 익숙하게 해보자. 종이를 보면서 읽는다 하더라도 얼굴이나 입을 가리지 않도록 하며 톤을 높이고 약간의 미소를 띠며 읽는 것을 연습해보도록 한다.

DURING BOARDING

(to be repeated at intervals)

女士们，先生们：
nv shi men xian sheng men

欢迎您乘坐虎航 ______ 号班机前往 __________(name of city)。
huan ying nin cheng zuo hu hang hao ban ji qian wang

请您跟随登机卡上指定座号就座，座位号码位于行李架下方。请您尽快
qing nin gen shui deng ji ka shang zhi ding zuo hao jiu zuo zuo wei hao ma wei yu xin li jia xia fang qing nin jin kuai

入座，以免阻碍后来的乘客。
ru zuo yi mian zu ai hou lai de cheng ke

请将您的手提行李放置在前座之下或上端的行李架内。为了您的安全，
qing jiang nin de shou ti xing li fang zhi zai qian zuo zhi xia hou shang duan de xing li jia nen wei le nin de an quan

请将行李拖杆、玻璃瓶等放置在您前座椅下方。
qing jiang xing li tuo gan bo li ping deng fang zhi zai nin qian zuo yi xia fang

让我们在此提醒您，本次航班全程禁烟班机，请您不要在客舱内吸烟。谢
ran wo men zai ci ti xing nin ben ci hang ban quan cheng jin yan ban ji qing nin bu yao zai ke cang nei xi yan xie

谢
xie

(Continue repeatedly if refueling is in process)

另外，还请您注意：由于飞机正在添油，任何电子开关、火柴、打火机等，严
ling wai hai qing nin zhu yi you yu fei ji zheng zai tian you ren he dian zi kai guan huo chai da huo ji deng yan

禁使用。为了您的
jin shi yong wei le nin de

安全，请您就坐时，不要扣上安全带。谢谢。
an quan qing nin jiu zuo shi bu yao kou shang an quan dai xie xie

HEADCOUNT

女士们，先生们：
nv shi men　xian sheng men

请注意，此航班是前往 __________(name of city)。我们即将点算人数，请您回
qing zhu yi　ci hang ban shi qian wang　wo men ji jiang dian suan ren su　qing nin hui

到座位上。同时，请勿在这时候使用洗手间。谢谢您的合作。
dao zuo wei shang　tong shi　qing wu zai zhe shi huo shi yong xi shou jian　xie xie nin de he zuo

PREFERRED SEAT FOR SALE

(only use when appropriate*)

女士们，先生们：
nv shi men　xian sheng men

如果您想体验更加舒适的旅程，本次航班在第一，十二和十三排有更加
ru guo nin xiang ti yan geng jia shu shi de lv cheng　ben ci hang ban zai di yi　shi er he shi san pai you geng jia

宽敞舒适的座位，供您选择和购买。如有任何疑问，请向我们的乘务员
kuan chang shu shi de zuo wei　gong nin xuan zhe he gou mai　ru you ren he yi wen　qing xiang wo men de cheng wu yuan

询问更多详情。谢谢。
xun wen geng duo xiang qing　xie xie

REMINDER TO SWITCH OFF MOBILE PHONES

(after door closed/ before landing)

女士们，先生们：
nv shi men　xian sheng men

我们的飞机正准备起飞，请您关掉所有携带式电子设备，如:手提电脑、
wo men de fei ji zheng jun bei qi fei　qing nin guan diao suo you xie dai shi dian zi she bei　ru　shou ti dian nao

各类音乐播放器、数码相机、各式平板电脑如iPad，以及所有随身电话包
ge lei yin yue bo fang qi　shu ma xiang ji　ge shi ping ban dian nao ru　yi ji suo you sui shen dian hua bao

括飞行模式等，以免干扰机上的导航系统。
kuo fei xing mo shi deng　yi mian gan rao ji shang de dao hang xi tong

WELCOME ANNOUNCEMENT

(after door closed)

女士们，先生们：
nv shi men　xian sheng men

*早上/中午/下午/晚上好，
zao shang　zhong wu　xia wu　wan shang hao

欢迎您乘坐虎航______号班机前往__________(name of city)。预计空中飞行时
huan ying nin cheng zuo hu hang　hao ban ji qian wang　yu ji kong zhong fei xing shi

间是：______小时______分钟。我们的机长是__________。机舱人员有
jian shi　xiao shi　fen zhong　wo men de ji zhang shi　ji cang ren yuan you

__________、__________、__________，还有我__________。
hai you wo

在起飞和降落时，请您确保您已经关闭所有携带式电子设备，包括所有
zai qi fei he jiang luo shi　qing nin que bao nin yi jing guan bi suo you xie dai shi dian zi she bei　bao kuo suo you

随身电话，以免干扰机上的导航系统。如果您的随身电话或电子设备设有
sui shen dian hua　yi mian gan rao ji shang de dao hang xi tong　ru guo nin de sui shen dian hua hou dian zi she bei she you

飞行模式，请转至飞行模式后，再将电源关闭。
fei xing mo shi　qing zhuan zhi fei hang mo shi hou　zai jiang dian yuan guan bi

我们还要提醒您，本次航班全程禁烟，请您不要吸烟。
wo men hai yao ti xing nin　ben ci hang ban quan cheng jin yan　qing nin bu yao xi yan

如果您需要任何协助，请联系我们乘务员。呼唤铃就在您座椅上方。
ru guo nin xu yao ren he xie zhu　qing lian xi wo men cheng wu yuan　hu huan ling jiu zai nin zuo yi shang fang

谢谢您选择新加坡最迅速发展的航空公司 - 虎航。祝您旅程愉快。谢谢。
xie xie nin xuan zhe xin jia bo zui xun shu fa zhan de hang kong gong si　hu hang　zhu nin lv cheng yu kuai　xie xie

PRIOR TO SAFETY DEMONSTRATION

女士们，先生们：
nv shi men　xian sheng men

我们即将为您示范安全带，救生衣和氧气面罩的使用方法，以及紧急出
wo men ji jiang wei nin shi fan an quan dai　jiu sheng yi he yang qi mian zhao de shi yong fang fa　yi ji jin ji chu

口的位置。请您留意，谢谢。
kou de wei zhi　qing nin liu yi　xie xie

AFTER SAFETY DEMONSTRATION

女士们，先生们：
nv shi men xian sheng men

我们现在向您讲解您刚看过机上安全设施的使用方法。如有任何疑问，请
hwo men xian zai xiang nin jiang jie nin gang kan guo ji shang an quan she shi de shi yong fang fa ru you ren he yi wen qing

向乘务员咨询。救生衣就在您的座椅下方。一旦遇到水上迫降，将救生衣取
xiang cheng wu yuan zi xun jiu sheng yi jiu zai nin de zuo yi xia fang yi dan yu dao shui shang po jiang jiang jiu sheng yi qu

出穿好。要使救生衣充气，将红色充气拉索往下拉。如有需要，可使用人工
chu chuan hao yao shi jiu sheng yi chong qi jiang hong se chong qi la suo wang xia la ru you xu yao ke shi yong ren gong

充气管。
chong qi guan

请在离开出口处时才将救生衣充气。必要时，您可以使用救生衣上的口哨
qing zai li kai chu kou chu shi cai jiang jiu sheng yi chong qi bi yao shi nin ke yi shi yong jiu sheng yi shang de kou shao

和信号灯。我们也为四岁以下的儿童提供小孩救生衣。
he xin hao deng wo men ye wei si sui yI xia de er tong ti gong xiao hai jiu sheng yi

当机舱出现减压现象时，氧气面罩会自动掉落在您的面前。将面罩向下用
dang ji cang chu xian jian ya xian xiang shi yang qi mian zhao hui zhi dong diao luo zai nin de mian qian jiang mian zhao xiang xia yong

力急拉，然后立刻将面罩罩在口、鼻处。保持冷静和正常的呼吸。如有小孩
li ji la ran hou li ke jiang mian zhao zhao zai kou bi chu bao chi leng jing he zheng chang de hu xi ru you xiao hai

随行，请您先安顿好自己，再照顾孩子。飞机的两旁设有八个紧急出口，其
sui xing qing nin xian an dun hao zi ji zai zhao gu hai zi fei ji de liang pang she you ba ge jin ji chu kou qi

中两个在前面，两个在后面，还有四个在中间，它们都有明显标志。
zhong liang ge zai qian mian liang ge zai hou mian hai you si ge zai zhong jian ta men dou you ming xian biao zhi

在疏散时，请勿携带手提行李。如果有烟雾出现，应尽量伏低身体，跟随地
zai shu san shi qing wu xie dai shou ti xing li ru guo you yan wu chu xian ying jin liang fu di shen ti gen sui di

上的指示灯到出口处。安全资料卡在您前面的椅袋里，请在起飞前仔细阅
shang de zhi shi deng dao chu kou chu an quan zi liao ka zai nin qian mian de yi dai li qing zai qi fei qian zi xi yue

读。请勿从飞机上拿走。
du qing wu cong fei ji shang na zou

最后，我们再次提醒您，本次航班全程禁烟，在洗手间内吸烟将会触动警
zui hou wo men zai ci ti xing nin ben ci hang ban quan cheng jin yan zai xi shou jian nei xi yan jiang hui chu dong jing

铃。谢谢。
ling xie xie

DIMMING OF CABIN LIGHTS

女士们，先生们：
nv shi men xian sheng men

我们即将调暗客舱内的灯光，如果您要使用阅读灯，开关就在座位上方
wo men ji jiang tiao an ke cang nei de deng guang ru guo nin yao shi yong yue du deng kai guan jiu zai zuo wei shang fang

谢谢。
xie xie

REMINDER TO FASTEN SEATBELT

(after flight crew announced to 'crew to your take-off / landing station')

女士们，先生们：
nv shi men xian sheng men

我们的飞机就要起飞/降落了，请您再次确认安全带已经扣好，椅背调直，
wo men de fei ji jiu yao qi fei jiang luo le qing nin zai ci que ren an quan dai yi jing kou hao yi bei tiao zhi

餐桌合上，遮光板完全打开。谢谢。
can zuo he shang zhe guang ban wan quan da kai xie xie

AFTER TAKE-OFF

(to be made only after the 'fasten seatbelt' sign is switched off)

女士们，先生们：
nv shi men xian sheng men

扣上安全带的信号灯已经熄灭。为了安全起见，我们建议您在坐着时继续扣
kou shang an quan dai de xin hao deng yi jing xi mie wei le an quan qi jian wo men jian yi nin zai zuo zhe shi ji xu kou

好安全带。您现在可以使用持有飞行模式的电子设备，如手提电脑、各类
hao an uan dai nin xian zai ke yi shi yong chi you fei xing mo shi de dian zi she bei ru shou ti dian nao ge lei

音乐播放器等。您的座椅袋里有一份 'Tiger Tales' 娱乐杂志，供您翻阅了解
yin yue bo fang qi den nin de zuo yi dai li you yi fen yu le za zhi gong nin fan yue liao jie

虎航最新动态。我们有最新推出网上订餐服务。如果您有网上预订食物，
hu hang zui xin tong tai wo men you zui xin tui chu wang shang ding can fu wu ru guo nin you wang shang yu ding shi wu

请出示您的登机牌，我们的乘务员会优先为您服务。
qing chu shi nin de deng ji pai wo men de cheng wu yuan hui you xian wei nin fu wu

如您未在网上订购，您可参考您座椅袋里的餐单价格表。稍后，我们即将开
ru nin wei zai wang shang ding goue nin ke can kao nin zuo yi dai li de can dan jia ge biao shao hou wo men ji jiang kan

始虎航便餐及饮料售卖服务。
shi hu hang bian can ji yin liao shou mai fu wu

(Flights with hotmeals only)

今天的航班有售卖热餐和三文治。由于数量有限，如果您想购买，请尽早与
jin tian de hang ban you shou mai re can he san wen zhi you yu shu liang you xian ru guo nin xiang gou mai qing jin zao yu

我们联系。
wo men lian xi

同时，我们敬请您的合作不要在本班机上食用外来的食物和饮料。
tong shi wo men jing qing nin de he zuo bu yao zai ben ban ji shang shi yong wai lai de shi wu he yin liao

如果您需要任何协助，呼唤铃在您座位上方，请随时联系我们乘务员。
ru guo nin xu yao ren he xie zhu hu huan ling zai nin zuo wei shang fang qing sui shi lian xi wo men cheng wu yuan

谢谢。
xie xie

BEFORE DUTY-FREE & BRANDED MERCHANDISE SALES

女士们，先生们：
nv shi men xian sheng men

再过一会儿，我们将售卖虎航免税物品，如：香水、化妆品、酒类等。种类
zai guo yi hui er wo men jiang shou mai hu hang mian shui wu pin ru xiang shui hua zhuang pin jiu lei deng zhong lei

繁多，价格优惠，适合各年龄层。欢迎您购买。
fan duo jia ge you hui shi he ge nian ling ceng huan ying nin gou mai

详细资料和价格都列在您椅袋里的虎航免税购物本。敬请您翻阅参考。
xiang xi zi liao he jia ge dou lie zai nin yi dai li de hu hang mian shui gou wu ben jing qing nin fan yue can kao

同时，我们的乘务员也很乐意为您提供更多物品资讯及协助您的购买。
tong shi wo men de cheng wu yuan ye heng le yi wei nin ti gong geng dou wu pin zi xun ji xie zhu nin de gou mai

谢谢。
xie xie

(For flight into Singapore)

另外，让我们在此提醒您，如果您是要在新加坡转机，必须符合机场对液
ling wai ran wo men zai ci ti xing nin ru guo nin shi yao zai xin jia po zhuan ji bi xu fu he ji chang dui ye

体、喷雾剂和凝胶的限制规定。液体、喷雾剂和凝胶物品一但超过100毫升
ti peng wu ji he ning jiao de xian zhi gui ding ye ti peng wu ji he ning jiao wu pin yi dan zhao guo hao sheng

就必须办理拖运手续。
jiu bi xu ban li tuo yun shou xu

(For Malaysia sectors)

请注意，根据新加坡关税局法令，本次航班无法给于来往马来西亚和新加
qing zhu yi gen ju xin jia po guan shui ju fa ling ben ci hang ban wu fa gei yu lai wang ma lai xi ya he xin jia

坡的乘客提供任何酒类免税售卖服务，造成您的不便敬请原谅。
po de cheng ke ti gong ren he jiu lei mian shui shou mai fu wu zao cheng nin de bu bian jing qing yuan liang

SECOND ROUND OF FOOD & BEVERAGE SERVICE

女士们，先生们：
nv shi men xian sheng men

稍后，我们将再次售卖便餐及饮料，如果您想要购买，请和我们乘务员联系。
shao hou wo men jiang zai ci shou mai bian can ji yin liao ru guo nin xiang yao gou mai qing he wo men cheng wu yuan lian xi

谢谢。
xie xie

TURBULENCE

(# to made when seatbelt sign is switched on for turbulence)

女士们，先生们：
nv shi men xian sheng men

由于飞机遇到不稳定气流，请您马上回到座位上，并扣紧安全带。同时，为了
you yu fei ji yu dao bu wen ding qi liu qing nin ma shang hui dao zuo wei shang bing kou jin an quan dai tong shi wei le

您的安全，请勿在这时候使用洗手间。谢谢您的合作。
nin de an quan qing wu zai zhe shi hou shi yong xi shou jian xie xie nin de he zuo

SUSPENSION OF SERVICE

(with advice from flight crew or CIC)

我们将暂停我们的服务直到天气好转为止。导致您的不便，敬请您谅解。
wo men jiang zan ting wo men de fu wu zhi dao tian qi hao zhuan wei zhi dao zhi nin de bu bian jing qing nin liang jie

同时，我们再次提醒您，为了您的安全，请您继续坐在座位上，并扣紧安
tong shi wo men zai ci ti xing nin wei le nin de an quan qing nin ji xu zuo zai zuo wei shang bing kou jin an

全带。谢谢。
quan dai xie xie

REMINDER TO COMPLETE CIQ FORMS

(when flight crew announces "cabin crew prepare for arrival")

(For selective stations where all arrival pax have to fill in CIQ forms)

女士们，先生们：
nv shi men xian sheng men

所有乘客包括孩子和婴儿抵境时，都各必须要有填写完整的入境卡，才
suo you cheng ke bao kuo hai zi he ying er di jing shi dou ge bi xu yao you tian hao wan zheng de ru jing ka cai

能入境。我们在此提醒您，在________ (country) 触犯毒品条例，将受到严
neng ru jing wo men zai ci ti xing nin zai chu fan du pin tiao li jiang shou dao yan

厉刑罚。谢谢。
li xing fa xie xie

(For selective stations where ONLY foreigners need to fill in CIQ forms, e.g SIN)

所有外国旅客，包括孩子和婴儿抵境时，都各必须要有填写完整的入境
suo you wai guo lv ke bao kuo hai zi he ying er di jing shi dou ge bi xu yao you tian hao wan zheng de ru jing

卡，才能入境。我们在此提醒您，在________ (country) 触犯毒品条例，将
ka cai neng ru jing wo men zai ci ti xing nin zai chu fan du pin tiao li jiang

受到严厉刑罚。谢谢。
shou dao yan li xing fa xie xie

INSUFFICIENT / NIL IMMIGRATION FORMS or HEALTH DECLARATION FORMS AVAILABLE

(Insufficient CIQ or health declaration forms)

女士们, 先生们:
nv shi men xian sheng men

由于我们的入境卡不够分发, 未有表格的乘客可以向入境厅柜台索取。因
you yu wo men de ru jing ka bu gou fen fa wei you biao ge de cheng ke ke yi xiang ru jing ting gui tai suo qu yin

此导致您的不便, 深表歉意。谢谢您的谅解与合作。
ci dao zhi nin de bu bian shen biao qian yi xie xie nin de liang jie yu he zuo

(Nil CIQ or health declaration forms available)

女士们, 先生们:
nv shi men xian sheng men

由于本航班缺乏入境卡, 各位乘客可以向入境厅柜台索取。因此导致您的
you yu ben hang ban que fa ru jing ka ge wei cheng ke ke yi xiang ru jing ting gui tai suo qu yin ci dao zhi nin de

不便, 深表歉意。谢谢您的谅解与合作。
bu bian shen biao qian yi xie xie nin de liang jie yu he zuo

COLLECTION OF LITTER / TRASH

女士们, 先生们:
nv shi men xian sheng men

为了能缩短飞机在 ________(city name) 的停留时间, 我们将向您收集您所
wei le neng suo duan fei ji zai de ting liu shi jian wo men jiang xiang nin shou ji nin suo

要丢弃的物品, 请您不要将它们放在椅袋里。谢谢您的合作。
yao diu qi de wu pin qing nin bu yao jiang ta men fang zai yi dai li xie xie nin de he zuo

BEFORE LANDING

(when seatbelt sign is switched on for landing)

女士们，先生们：
nv shi men xian sheng men

我们的飞机正准备降落在 ________(airport name)。
wo men de fei ji zheng zun bei jiang luo zai

请您马上回到您登机卡上指定座位就坐，并扣好安全带。请调直您的椅背，合
qing nin ma shang hui dao nin deng ji ka shang zhi ding zuo wei jiu zuo bing kou hao an quan dai qing tiao zhi nin de yi bei he

上餐桌，同时打开遮光板。
shang can zhuo tong shi da kai zhe guang ban

所有手提行李必须放置在您前座之下或上端的行李架内。
suo you shou ti xing li bi xu fang zhi zai nin qian zuo zhi xia huo shang duan de xing li jia nei

(For TPE and Indonesian Stations)

请您现在关闭所有携带式电子设备，包括持有飞行模式的随身电话，以免
qing nin xian zai guan bi suo you xie dai shi dian zi she bei bao kuo chi you fei xing mo shi de sui shen dian hua yi mian

干扰机上的导航系统，直到您到达机场入境厅。谢谢您的合作。
gan rao ji shang de dao hang xi tong zhi dao nin dao da ji chang ru jing ti ng xie xie nin de he zuo

(For Other Stations)

请您现在关闭所有携带式电子设备，包括持有飞行模式的随身电话，以免
qing nin xian zai guan bi suo you xie dai shi dian zi she bei bao kuo chi you fei xing mo shi de sui shen dian hua yi mian

干扰机上的导航系统。谢谢您的合作。
gan rao ji shang de dao hang xi tong xie xie nin de he zuo

(For flights arriving into SIN only)

女士们，先生们：
nv shi men xian sheng men

我们的飞机正准备降落在新加坡樟宜机场二号航站楼。
wo men de fei ji zheng zun bei jiang luo zai xin jia bo zhang yi ji chang er hao hang zhan lou

请您马上回到您登机卡上指定座位就坐，并扣好安全带。请调直您的椅背，
qing nin ma shang hui dao nin deng ji ka shang zhi ding zuo wei jiu zuo bing kou hao an quan dai qing tiao zhi nin de yi bei

合上餐桌，同时打开遮光板。
he shang can zhuo tong shi da kai zhe guang ban

所有手提行李必须放置在您前座之下或上端的行李架内。
suo you shou ti xing li bi xu fang zhi zai nin qian zuo zhi xia huo shang duan de xing li jia nei

请您现在关闭所有携带式电子设备，包括持有飞行模式的随身电话，以免
qing nin xian zai guan bi suo you xie dai shi dian zi she bei bao kuo chi you fei xing mo shi de sui shen dian hua yi mian

干扰机上的导航系统。谢谢您的合作。
gan rao ji shang de dao hang xi tong xie xie nin de he zuo

凡购买tigerconnect的机场转机服务乘客可立即前往过境区的转机贵宾室E，
fan gou mai de ji chang zhuan ji fu wu cheng ke ke li ji qian wang guo jing xu de zhuan ji gui bin shi

办理续程航班的入境手续、索取您第2张登机证，并安排行李转换。您无需
ban li xu cheng hang ban de ru jing shou xu suo qu nin di zhang de ji zheng bing an pai xing li zhuan huan nin wu xu

办理出入境手续、或领取托运行李，便能转机。
ban li chu ru ji shou xun huo ling qu tuo yun xing li bian neng zhuan ji

其他乘客欲乘搭另一个航班离开新加坡樟宜机场，请通过移民厅出境后，
qi ta cheng ke cheng da ling yi ge hang ban li kai xing jia bo zhang yi ji chang qing tong guo yi min ting chu jing hou

索取您的托运行李，并在个别航空公司的入境柜台办理入境手续。
qing suo nin de tuo yun xing li bing zai ge bie hang kong gong si de ru jing gui tai ban li ru jing shou xu

谢谢。
xie xie

CHINA QUARANTINE REQUIREMENT

女士们，先生们：
nv shi men xian sheng men

如果您近期內曾经旅遊的地点是世界卫生组织所发布的黃色警戒区，您必需
ru guo nin jin qi nei zeng jing lv you de di dian shi shi jie wei shi zhu zi suo fa bu de huang se jin jie xu nin bi xun

要出示有效的疫苗接种证明给于中国检疫机构。
yao chu shi you xiao de yi miao jie zhong zheng ming gei yu zhong guo jian yi ji gou

另外，如果您在飞行途中有发热、咳嗽、呼吸困难、腹泻和呕吐等症狀，请依
Ling wa ru guo nin zai fei xing tu zhong you fa re ke sou hu xi kun nan fu xie he o tu deng zheng zhuang qing yi

照中国人民共和国国境卫生检疫机构的要求配合审查和检疫，谢谢您的合作。
zhao zhong guo ren min gong he guo guo jing wei sheng jian yi ji guo de yao xiu pei he shen cha he jian yi xie xie nin de he zuo

AFTER LANDING

女士们，先生们：
nv shi men xian sheng men

欢迎您来到 __________(name of city)。本地时间是 *上午/中午/下午/晚上/凌晨
huan ying nin lai dao ben di shi jian shi shang wu zhong wu xia wu wan shang ling chen

________点 ________分。
dian fen

为了您的安全，请您继续坐着，并扣好安全带直到飞机完全停止。您在打
wei le nin de an quan qing nin ji xu zuo zhe bing kou hao an quan dai zhi dao fei ji wan quan ting zhi nin zai da

开行李架时要小心，下机时，请记得携带所有的物品。
kai xing li jia shi yao xiao xin xia ji shi qing ji de xie dai suo you de wu pin

(For TPE and Indonesian Stations)

同时，我们在此提醒您，您的随身电话必须继续保持关闭状态，直到您到
tong shi wo men zai ci ti xing nin nin de sui sheng dian hua bi xu ji xu bao chi guan bi zhuang tai zhi dao nin dao

达机场入境厅。
da ji chang ru jing ting

(For Other Stations)

我们很高兴在此通知您，您现在可以使用您的随身电话和平板电脑等。不
wo men hen gao xin zai ci tong zhi nin nin xian zai ke yi shi yong nin de sui shen dian hua he ping ban dian nao deng bu

过，请您继续就坐直到系上安全带的指时灯熄灭为止。
guo qing nin xi xun jiu zuo zhi dao xi shang an quan dai de zhi shi deng xi mei wei zhi

(If outstation using airstairs instead of aerobridge)

*为了安全起见，飞机停泊处不允许吸烟。
wei le an quan qi jian fei ji ting bo chu bu yun xu xi yan

今天能为您服务是我们的荣幸，在此，我谨代表机长及所有乘务员，向您
jin tian neng wei nin fu wu shi wo men de rong xing zai ci wo jin dai biao ji zhang ji suo you cheng wu yuan xiang nin

说声谢谢，希望很快又能和您在虎航班机上见面。
shuo sheng xie xie xi wang hen kuai you neng he nin zai hu hang ban ji shang jian mian

别忘了，下回购买您的超值机票，可上网站：TIGERAIRWAYS.COM 预定。
bie wang le xia hui gou mai nin de cao zhi ji piao ke shang wang zhan yu ding

谢谢您选择新加坡最迅速发展的航空公司 - 虎航。再会。
xie xie nin xuan zhe xin jia bo zui xun shu fa zhan de hang kong gong si hu hang zai hui

AFTER LANDING

(INTO SIN ONLY)

女士们, 先生们:
nv shi men xian sheng men

欢迎您来到位于新加坡樟宜机场的第二航站楼。本地时间是 *上午/中午/下
huan ying nin lai dao wei yu xin jia po zhang yi ji chang de de er hang zhan lou ben di shi jian shi shang wu zhong wu xia

午/晚上/凌晨 ________点 ________分。
wu wan shang ling chen dian fen

为了您的安全, 请您继续坐着, 并扣好安全带直到飞机完全停止。您在打
wei le nin de an quan qing nin ji xu zuo zhe bing kou hao an quan dai zhi dao fei ji wan quan ting zhi nin zai da

开行李架时要小心, 下机时, 请记得携带所有的物品。
kai xing li jia shi yao xiao xin xia ji shi qing ji de xie dai suo you de wu pin

我们很高兴在此通知您, 您现在可以使用您的随身电话和平板电脑等。不
wo men hen gao xin zai ci tong zhi nin nin xian zai ke yi shi yong nin de sui shen dian hua he ping ban dian nao deng bu

过, 请您继续就坐直到系上安全带的指时灯熄灭为止。
guo qing nin xi xun jiu zuo zhi dao xi shang an quan dai de zhi shi deng xi mei wei zhi

(For remote bay operation)

为了安全起见, 飞机停泊处不允许吸烟。
wei le an quan qi jian fei ji ting bo chu bu yun xu xi yan

一或第三航站楼转机, 可在第二航站楼乘搭免费空中客车前往。

今天能为您服务是我们的荣幸, 在此, 我谨代表机长及所有乘务员, 向您
jin tian neng wei nin fu wu shi wo men de rong xing zai ci wo jin dai biao ji zhang ji suo you cheng wu yuan xiang nin

说声谢谢, 希望很快又能和您在虎航班机上见面。
shuo sheng xie xie xi wang hen kuai you neng he nin zai hu hang ban ji shang jian mian

别忘了, 下回购买您的超值机票, 可上网站: TIGERAIRWAYS.COM 预定。
bie wang le xia hui gou mai nin de cao zhi ji piao ke shang wang zhan yu ding

谢谢您选择新加坡最迅速发展的航空公司 - 虎航。再会。
xie xie nin xuan zhe xin jia bo zui xun shu fa zhan de hang kong gong si hu hang zai hui

*(INTO SIN ONLY – arrival before 5 pm)

女士们，先生们：
nv shi men xian sheng men

如果您在转机期间有至少5个小时的空闲时间，您可报名参加2小时的新
ruo guo nin zai zhuan ji qi jian you zi shao wu ge xiao shi de kong xian shi jian nin ke bao min can jia liang xiao shi de xin

加坡观光团。如果您想参加，请在游览开始前的至少一个小时到柜台登记。
jia po guan guang tuan ru guo nin xiang can jia qing zai you lan kan shi qian de zi shao yi ge xiao shi dao gui tai deng ji

报名以先到先得的方式进行，游客必须符合新加坡移民与关卡局规定的
bao ming yi xian dao xian de de fang shi jin xing you ke bi xun fu he xin jia po yi min yu guan ka ju gui ding de

入境签证要求。请前往任何一个“新加坡自由行”询问中心查询更多详情。
ru jing qian zheng yao qui qing qian wang ren he yi ge xin jia po zi you xing xun wen zhong xin cha xun ge duo xiang qing

CLEARING TRASH AFTER ARRIVAL

女士们，先生们：
nv shi men xian sheng men

我们再次提醒您，请您检查您的四周和座椅椅袋，确保您已经携带所有的物
wo men zai ci ti xing nin qing nin jian cha nin de si zhou he zuo yi yi dai que bao nin yi jin xie dai suo you de wu

品。同时，请将您所要丢弃的物品，丢在出口处的垃圾袋里。谢谢您的合作。
pin tong shi qing jiang nin suo yao diu qi de wu pin diu zai chu kou chu de la ji dai li xie xie nin de he zuo

PAGING FOR MEDICAL ASSISTANCE

女士们，先生们：
nv shi men xian sheng men

请注意，有一位乘客急需医药救护，机上如有医务人员，请马上和我们乘务员
qing zhu yi you yi wei cheng ke ji xu yi yao jiu hu ji shang ru you yi wu ren yuan qing ma shang he wo men cheng wu yuan

联系。谢谢。
lian xi xie xie

DELAY ANNOUNCEMENT

女士们，先生们：
nv shi men xian sheng men

我们刚接到机长的通知，由于(因为)
wo men gang jie dao ji zhang de tong zhi you yu ying wei

*天气的关系
tian qi de guan xi

*我们正在等待机场航空控制台的指示，
wo men zheng zai deng dai ji chang hang kong kong zhi tai de zhi shi

*我们正在等待(中国)移民局的批准，
wo men zheng zai deng dai zhong guo yi min ju de pi zhun

飞机将延迟 ________ 分钟／ 至 ________ 起飞。在此，我谨代表虎航向您
fei ji jiang yan chi fen zhong zhi qi fei zai ci wo jin dai biao hu hang xiang nin

致歉，感谢您的耐心等待与合作。
zhi qian gan xie nin de nai xin deng dai yu he zuo

(if due to technical fault)

女士们，先生们：
nv shi men xian sheng men

由于机械故障，机长通知我们，飞机将延迟 ________ 起飞。检查工作正在
you yu ji xie gu zhang ji chang tong zhi wo men fei ji jiang yan chi qi fei jian cha gong zuo zheng zai

进行中，稍有进一步的信息，我们将及时通知您。因此导致您的不便，我
jin xing zhong shao you jin yi bu de xin xi wo men jiang ji shi tong zhi nin yin ci dao zhi nin de bu bian wo

们深表歉意。
men shen biao qian yi

AT THE END OF DELAY

女士们，先生们：
nv shi men xian sheng men

我们的飞机可以正常起飞/降落了。在此，我们为航班误点所带给您的不便，再
wo men de fei ji ke yi zheng chang qi fei jiang luo le zai ci wo men wei hang ban wu dian suo dai gei nin de bu bian zai

次向您致歉。感谢您的耐心等待与合作。
ci xiang nin zhi qian gan xie nin de nai xin deng dai yu he zuo

PAGING FOR PASSENGER

女士们，先生们：
nv shi men　xian sheng men

请________(名字)(*小姐/先生)马上和我们乘务员联系。谢谢。
qing　xiao jie　xian sheng　ma shang he wo men cheng wu yuan lian xi　xie xie

FOUND ITEM

女士们，先生们：
nv shi men　xian sheng men

我们在 ________ 拾到 ________ ，请失主前来认领。谢谢。
wo men zai　shi dao　qing shi zhu qian lai ren ling　xie xie

승무원 영어면접 Answer

Chapter 18 Group Discussion & Essay

그룹토론 & 에세이

Chapter. 18

18 Group Discussion & Essay

그룹토론 & 에세이

토론 면접의 종류

TIP

토론 면접은 국내 항공사를 제외하고 많은 항공사에서 진행하는 면접의 방식이다. 적게는 4인 1조로 많게는 20명이 한팀이 되어 주어진 주제에 관해 토론하거나 팀 활동을 하게 된다. 현재까지 토론 면접을 진행했던 항공사는 캐세이퍼시픽 항공, 싱가포르 항공, 카타르 항공, 에미레이트 항공, ANA, 스쿳 항공 등이다. 그리고 현지면접관을 만나기 전 승무원 아카데미에서 1차나 2차 면접을 대행하는 경우 많이 진행되고 있다. 토론 면접의 포인트는 의사소통하고 이해하는데 문제없으며 잘 어울려서 팀의 임무를 수행하는 데 있다. 토론은 나만 잘한다고 되는 것이 아니다. 즐겁게 토론하고 팀 분위기도 좋고 주어진 미션을 마치면 팀원 전체가 더 좋은 점수를 받을 수 있다. 실제로 전원이 합격한 사례도 있고 전원 다 떨어진 사례도 있다. 그만큼 팀 분위기는 굉장히 중요하다.

* 주의할 점 나는 친절하게 했는데 다른 멤버가 토론이 처음이라 또는 방법을 몰라 팀 분위기를 이상하게 만들 때도 있다. 그런 것까지 잘 포용하여 즐거운 팀 분위기를 만드는데 애써야겠다.

1 Discussion: People talk about it, often in order to reach a decision.

- 토론을 통해 의견을 종합하여 결론을 도출하는 형식

2 A debate: A discussion about a subject on which people have different views.

- 어떠한 주제에 대하여 서로 다른 의견을 주고받는 토론 형식.

TIP

캐세이퍼시픽 항공과 싱가포르 항공에서 디베이트를 찬성 팀, 반대 팀으로 나누어 진행한 적이 있다. 주어진 주제에 대하여 찬성과 반대의 팀으로 나누어 진행된다. 이때, 자신의 의견과 상관없이 팀이 지정되는 경우가 있다. 그러므로 논쟁의 여지가 많은 사회문제나 주제들에 대해서는 양쪽 의견을 다 준비하고 연습하는 것이 중요하다.

토론 방법

주어진 주제와 시간제한 동안 4명~20명(상황 에 따라 참가 수 바뀜)이 한 그룹으로 서로 생각을 교류하며 토론하는 면접-토론 면접에서는 이기는 것이 목적이 아니다. 지나친 승부욕으로 다른 사람과의 마찰과 불편함을 조성하지 않으며 다른 사람의 의견도 객관적으로 수렴하는 합리적인 사람으로 보이도록 한다.

■ 평가 항목

1 적극성: 토론 참가자가 얼마나 능동적이며 적극적으로 참여하느냐 하는 평가이다.

TIP

본인의 적극적인 발언이 중요하며, 먼저 말을 할 때에는 자신의 의견을 논리적으로 명확하게 전달하여야 한다. 또한 다른 참가자들이 발언을 할 때 호의 적인 표정으로 경청 하며 고개를 끄덕이거나 하는 제스처도 토론에 임하는 적극적이고 긍정적인 자세를 보여 줄 수 있다.

2 논리성: 영어구사나 보유지식 여부 능력만이 평가 항목이 아니다. 외국어의 구사 능력도 중요하지만, 얼마나 논리적으로 명료하게 다른 참가자들에게 전달하느냐 또한 매우 중요하다. 내용 전달을 좀 더 효과적으로 하기 위하여 체계적으로 전개한다.

TIP

발언을 하기 전에 머릿속으로 핵심 문장과 단어를 생각하며 결론 먼저 이야기하고 그 후 부연설명하는 방법이 논리적으로 들릴 수 있다. 부연설명으로는 본인의 경험 또한 포함될 수 있다. 이야기 도중 주제의 연관성에서 벗어나지 않도록 유의한다. 토론의 주제가 복잡하면 중요하다고 생각되는 사안 먼저 언급한다.

3 창의력: 진부한 아이디어는 비생산적일 뿐만 아니라 참가자들을 지루하게 만들 수 있다. 새롭고 신선한 아이디어로 흥미롭게 시선을 끌 수 있는 독창적인 아이디어가 필요하다.

TIP

토론의 주제를 미리 파악할 순 없겠지만, 지원하는 회사에 관한 관심으로 미리미리 한 번쯤 여러 방면으로 아이디어를 만들어 본다. 또한, 현실성이 있는 대안인지를 고려해본다.

4 대화능력/조직적응력: 다른 참가자들과 어려움 없이 말하고 듣고 의사소통하는 데 문제가 없고 잘 어울릴 수 있는지 중요하다. 개개인과의 의사전달 능력이 뛰어나며 팀으로서 잘 어울릴 수 있고 화합할 수 있다는 인상을 심어주는 것이 중요하다.

TIP

발언의 기회가 왔을 때 참가자들의 눈을 보며 미소와 친절한 목소리 톤으로 본인의 아이디어를 발언한다. 다른 참가자의 말을 가로막지 않으며, 동시에 발언하게 되면 양보를 하고 양보를 받은 경우라면 고맙다는 인사를 하고 자연스럽게 진행한다. 그 후에 다시 그 참가자에게 기회를 준다면 배려 있게 보일 수 있다.

5 리더쉽: 주어진 짧은 시간 안에 보일 수 있는 팀을 이끄는 지도력, 통솔력을 평가하는 항목이다.

TIP

토론을 주도하며, 단순히 말 잘하는 것이라기보다는 토론 주제의 다양한 측면을 고려하며 팀이 일정 목적을 이루기 위해 바른 방향으로 선도하는 태도를 보여준다. 말을 많이 한다고 해서 리더의 모습을 보여 주는 것은 아니다. 잘 들어 주고 적절한 조율을 보여 주어야 리더로서의 자질을 보여줄 수 있다.

6 태도/매너: 어떤 면접이나 자세, 태도, 표정은 매우 중요하다. 참여하는 토론이 얼마나 진지하고 중요한 자리인가를 인식하게 해주는 항목이다.

TIP

어깨를 펴고 바르게 앉아서 양손은 무릎 위에 올려놓고 필요할 때 약간의 제스처는 적극적인 모습으로 긍정적으로 보일 수 있다. 다른 참가자들이 발언할 때는 눈을 맞추고 진지하게 경청하며 입가에 약간의 미소를 머금고 재미있는 내용을 전달할 때는 함께 웃으며 어울리는 모습을 보여준다.

Do's – 토론을 잘하는 방법

- 처음부터 마칠 때까지 바른 자세로 앉아서 참여하도록 한다.
- 말할 때에는 다른 참가자들뿐 아니라 멀리 떨어져 있을 수도 있는 면접관들까지 잘 들릴 수 있도록 큰 목소리로 또박또박하게 말한다.
- 듣는 사람들이 쉽게 이해할 수 있도록 결론부터 말하고 부연설명을 덧붙인다.
- 이야기를 할 때나 들을 때는 항상 미소를 띠어서 더욱 친절하고 적극적으로 보일 수 있도록 한다.
- 본인의 발언 외에 다른 팀원들의 발언에 긍정적으로, 적극적으로 지원해주며 본인의 의견을 덧붙여 본다.
- 남의 의견을 들을 때는 눈을 맞추고 웃음이나 가끔 고개를 끄덕이면서 진지하게 경청한다.
- 독창적인 시각을 제시한다. 현실성 있는 대안을 내놓는다. 재미있는 아이디어는 팀 분위기를 더 즐겁게 만들 수 있다.

Don'ts – 토론을 잘 못 하는 예

- 제스처를 필요 이상으로 남발한다.
- 다른 사람이 얘기할 틈을 안 주고 혼자서 이야기한다.
- 남이 발언할 때 말을 끊는다.
- 다른 이와 독립적인 견해에 놓였을 때 끝까지 본인의 발언을 정답으로 밀어붙인다.
- 본인의 의견이 없이 다른 이의 의견에 동감한다고만 한다.
- 잘 알지 못하는 전문적인 주제일 경우 침묵으로 일관한다.
- 본인이 잘 아는 주제에 대해서 전문적인 용어를 남발하여 아는 척을 한다.
- 상대방이 당황스럽게 인신공격적인 발언을 한다.
- 의견이 다르다는 다른 참여자의 말에 꼬박꼬박 반박을 한다.
- 자신의 의견 내용을 정리하느라 고개를 숙이거나 다른 생각에 빠져 있다.
- 서술형으로 장황하게 설명을 늘어놓는다.
- 말을 하는 중간마다 머리를 만지거나 특정한 신체 부위를 습관적으로 만져서 듣는 이를 불편 하게 만든다.
- 준비되어 있지 않아 보이는 지원자에게는 질문하여 당황하게 한다.

Useful expressions for discussion – 토론하는 데 유용한 표현

TIP

토론 주제에 따라 다소 차이가 있겠지만, 함께 의논하고 결론을 도출해야 하는 토론이라면 팀워크라는 것을 생각해 나만 강조하지 말고 '우리'라는 단어를 적절히 사용하면서 토론에 참여해보도록 하자.

자기 소개	면접관의 지시에 따라 자기소개나 인사를 한다. ● My name is Yoon Sun, it's great to meet you all. ● Good afternoon. I'm glad to have a discussion with you.
시작할 때	● Shall we start? ● Shall we begin our discussion? ● Since no one is starting can I start first? ● Is it alright if I start first? ● Let's begin our discussion on~. ● Do you mind if I speak first?
동의할 때	● That is a good point. ● I agree with you on that point. ● I can go along with that idea. ● I follow you with that. ● I second that. ● I cannot agree more. ● I agree with you 100%. ● I was about to say that! I absolutely support your idea because… ● That is exactly I what I wanted to say! ● I completely agree to your idea. ● I am all for you. ● That sounds great! I like your opinion very much.

상대방 의견에 덧붙일 때	● Like you said. ● As you've mentioned… ● As you can see… ● Let me add to that. ● I'd like to add something to it.
나의 의견 제시할 때	● In my experience, ● Let me share with you about my personal experience. ● In my opinion… ● From my point of view…
의견 물어볼 때	● What do you think about this? ● Shall we…? ● Why don't we…? ● Let's… ● How about…? ● In my opinion… What do you think?
상대방이 잘못된 것을 지적해 주었을 때	● Thank you for pointing that out. ● Oh, I didn't know about that. Thank you for correcting me on that. ● I am very sorry that I made a mistake. ● I think I misunderstood that. Thank you for pointing that out. ● It's very nice of you to say that to me. Thank you.
반대할 때	● I am not sure if it is good to ~ because… ● I am afraid that it will not be efficient because… ● I understand why you said about 00 but… regarding 000 I am not sure it's a good idea to… because… ● I understand your point about 00 but I cannot agree with you on 000 because…

시간 관리	• I'm afraid that we only have 3 minutes left. How about making a conclusion? • I think it's time for us to finish up. Shall we make a conclusion? • I think it's a good time for us to arrange our ideas what we have discussed.
결론짓기, 마무리	• It's been great talking to you all. • Nice meeting you all and I hope to see you again soon. • I've enjoyed discussing with you • I hope we get a good result and see you again soon. • It was a really good discussion and I learned a lot from you all. Thank you.

[Topic list]

1. Top spots for sightseeing in Korea.
2. International marriage.
3. Ups/perks and downs/drawbacks of living abroad.
4. Popular Korean traditional food.
5. The advantages and disadvantages of working in a team.
6. Important qualifications of being a flight attendant.
7. The important priorities when choosing a career.
8. The important attributes when working in a team.
9. Helpful or informative overseas experience.
10. Top issues in the world.
11. Why do you think the divorce rate is increasing in Korea?
12. What is your opinion of death penalty?
13. What was the moment that you regret the most?
14. Why do people enjoy extreme sports?
15. What do you think of affection for pet?
16. What is your opinion of women smoking?
17. Who are the people you respect the most?
18. What do you think of culture shock?
19. What is the definition of happiness?
20. What is the definition of friendship?
21. Plan a wedding/Party/Trip.
22. What do you know about Qatar Airways?

23. What is the bad news in Korea these days?

24. What is good and bad about a coeducation?

25. Discuss the positive and negative aspects of living in Qatar.

26. If you had the power to change history, what would you change?

27. What would you bring with you if you went to another planet?

28. Your boat is sinking and you can take 5 items with you, what do you take?

29. What are the latest 5 shocking news stories in Korea/the world?

30. Good and bad points of Korean people or Korean culture.

31. Do you think men and women are treated differently in Korean society?

32. Choose the 10 items that you would take to a deserted island.

33. Choose the 5 nationalities of co-workers that you want to live with in the same flat and 5 nationalities of co-workers that you don't want to live with when you live in Qatar.

34. Why do you think there are more female flight attendants than male flight attendants?

35. You are about to start a local airline in Doha/Dubai and you are on the management team. Create a name for the airline, design the uniform, recruitment process and marketing strategy. etc.

36. You are about to open a new restaurant in Dubai and you are on the management team. Create a name for the restaurant, choose the menu, design the uniform, recruitment process and marketing strategy. etc.

37. You are about to produce a new musical. Choose a title for the musical, the story, casting process. etc.

38. If you were to become a recruitment officer, whom would you hire? List 10 qualifications and prioritize them.

39. Choose the 3 countries that you would want to live in for the rest of your life and choose the 3 countries that you don't want to live in.

40. Make an itinerary for 20 high school students from Hong Kong for a week. Choose the places to visit, the places to stay and eat and other activities.

에세이 작성방법

TIP

에세이는 외국 항공사에서 진행하고 있는 면접의 방식이다. 현재까지 꾸준히 에세이를 써왔던 항공사는 카타르 항공, 에미레이트 항공, 에어 마카오 등이다. 하지만 면접 전형이라는 것이 항상 같을 수만 없으니 에세이 쓰기 정도는 어떤 항공사에서 또 진행할 수도 있으니 미리 연습해야 한다. 승무원 면접의 에세이 쓰기는 분량 자체가 많지 않기 때문에 그리 어렵지 않다. 보통 A4 용지 한 장 정도 분량으로 주어지고 있다. 주어진 시간 안에 주제에 대해 이해하고 논리적으로 써주면 특별히 에세이 때문에 떨어질 일은 없을 것이다.

* 주의할 점 에세이로 면접할 때 면접관이 가지고 들어와 내용에 대해 질문을 하는 경우도 종종 있다. 에세이는 긍정적인 내용으로 작성하고 내가 어떤 이야기를 썼는지도 기억하고 있어야 하겠다.

1) 제목, 작성자 반드시 기입
(시험에 따라 다를 수 있으니 반드시 주최하는 면접관의 지시에 따른다.)

2) 서론 : 어떤 주제에 관하여 이야기할 것인가에 대하여 알려준다. 일반적인 진술로 시작하여 본인의 주제나 요점을 서술한다.

Introduction: Set up the issue, and lead into your thesis. Start from a general statement and get to the point.

3) 본론 : 하나의 본론에는 하나의 아이디어 에만 집중한다. 본론 첫 문장은 주제문으로 시작한다. 그리고 근거나, 이유, 예시를 들어 주장을 뒷받침한다.

Essay body: Each individual body should be focused on a single idea that supports your thesis. Begin paragraphs with topic sentences, support assertions with evidence, and explain your ideas in the clearest, and the most sensible way you can.

→ evidence: article, TV program, book, experience, information, result of a study…

| 시작하기 유용한 표현 |

- Firstly,
- First of all,
- In the first place,
- One reason is that
- Secondly,
- In the second place,
- Also,
- Another reason is that
- Not only that, but also
- Additionally,
- Finally,
- Lastly,

4) 결론 : 본론에서 이야기한 내용에 대하여 요약한다. 여운을 줄 수 있는 문장으로 마무리한다.

Conclusion : Restate the main idea of your essay, and sum up what your essay is about. Make a quick wrap-up sentence.

| 시작하기 유용한 표현 |

- In conclusion,
- For these reasons
- These are the reasons
- So
- Overall,
- Therefore,
- This/That is why I think

5) 평가자가 쉽게 읽고 평가할 수 있도록 단정한 글씨체로 써야 한다. 글씨가 예쁘고 안 예쁘고를 떠나 주어진 칸 안에서 너무 흐트러지지 않게 필기하는 것도 중요하겠다. 또한, 완벽하진 못하더라도 최대한 문법, 철자 오류를 조심하도록 한다.

6) 각 단원의 분량은 비슷하게 조절해 주는 것이 좋다. 서론이 3~5줄이면 본론이나 결론도 각각 3~5줄 정도로 균형을 맞추어 준다.

7) 주어진 글자 수를 최대한 맞추려고 정리한다. 각 항공사에서 제공하는 에세이 용지에 가능하면 거의 다 채워 쓰도록 한다.

8) 각 단원을 시작할 때 tap을 주어 문장을 시작하며, 면접관들이 더욱 읽기 쉽고 간결해 보이도록 하기 위해 서론에서 본론, 본론에서 또 다른 본론, 본론에서 결론으로 바뀔 때에는 한 줄을 비워놓고 다음 단원으로 넘어간다.

9) 필기도구는 무엇을 사용하는지, 수정액을 사용해도 되는지, 그냥 잘 못쓴 문장을 그어야 하는지 등등 면접관의 지시를 반드시 따른다.

10) 에세이를 쓰는 동안에도 바른 자세를 유지하여 좋은 이미지를 유지한다.

Essay Diagram

Introduction

Start from a general statement. Do not mention specifics yet.
Follow the general statement with a sentence or two
that relates the process to the thesis.
And, get to the point.

Body Paragraph #1

Topic sentence, and support the argument with proof such as example or evidence.

Body Paragraph #2

Topic sentence, and support the argument with proof such as example or evidence.

Body Paragraph #3

Topic sentence, and support the argument with proof such as example or evidence.

Conclusion

Restate the main idea of your essay, and sum up
what your essay is about.

Sample Essay

Topic: What are the important qualification to work as cabin crew?

General Statement

There are many different kinds of careers in this society and each job calls for proper educational backgrounds or skills to do. As many other jobs require certain qualifications, job of cabin crew also require special qualifications to perform the job better. Among many other qualifications which the most of airline companies ask for I would like to explain three important qualifications from my point of view, which are strong interpersonal skills, service oriented and positive attitude, and good team spirit. Get to the point

First of all, those who have strong interpersonal skills work well in a team and be able to communicate effectively with colleagues, and passengers. Once I have read an article said that people with good interpersonal skills are usually perceived as optimistic, calm, and confident, which are very good qualities that are often endearing or appealing to others. As cabin crew meet diverse passengers and work with many different type of colleagues on board, I believe that cabin crew with strong interpersonal skills perform better on the job. Topic Sentence

Secondly, I believe that service oriented and positive attitudes are very important to work as cabin crew. I understand that cabin crew always have to serve and take care of many different kinds of people and be helpful and friendly to the passengers. Especially they might encounter many different and unexpected situations while working on board an aircraft. I believe having the positive attitude will help approach every situation more favorably. Topic Sentence

Lastly, in my opinion, a cabin crew must be an excellent team player. Since cabin crew members always work as a team on board an aircraft, good team spirit is one of the qualities which most of airline companies require. Cabin crew members should have a good understanding of team work and colleagues to work better in a team-oriented environment. I think giving a positive support to each other and working together harmoniously can make the Topic Sentence job much easier. It can also be a great way to make each flight smooth and memorable.

To sum up, among many other qualifications having good team spirit, positive attitude and strong interpersonal skills are the qualities which most of airline companies require. People who has these qualities will be likely to do better jobs as cabin crew have to interact with many passengers and take care of them on board. In fact, I believe I have these qualifications and it will be a great honor to be considered as a successful candidate in this airline, 00 airways. Thank you for your time and consideration.

Restate the main essay

[Topic list]

1. Write about your favorite book.
2. What are your new year's resolutions?
3. Why do you think people like traveling?
4. What was the biggest decision that you have made in your life?
5. What makes you angry? How do you overcome it? And how will it affect your work as a cabin crew?
6. If you were a president, what would you do to change your country?
7. What do you think of plastic surgery?
8. What do you think of 'good customer service'? And give examples of your experience.
9. If you were invisible, what would you want to do?
10. What can be done to prevent bully in schools?
11. What is the best way to reduce stress?
12. Write a letter to your foreign friend.
13. The love of money is the root of all evil. Do you agree or disagree with this idea?
14. If you could have a conversation with a famous person, who would you like to have it with?
15. What do you think are the main reasons that people divorce?
16. Are you a morning person or a night person?
17. Do you think the violence of TV programs affects society?
18. What kind of advice would you give to high school students?
19. What are the important priorities when choosing a career?

20. What is the motto of your life? What have you done for your motto? How can your motto be connected to becoming a good cabin crew?

21. What are the 3 greatest strengths of yours?

22. What do you think of culture shock? And, give me an example of your experience.

23. What were the difficulties when you were travelling to other countries?

24. Tell me about one of the most interesting travel experiences you've had.

25. Introduce an experience of when you did your best at something you liked.

26. Generally, are you more of a leader or follower?

27. Do you prefer working alone or working as a team?

28. Have you ever persuaded someone?

29. When was the happiest moment in your life?

30. What is your ideal working environment?

31. How would you define success?

32. What qualifications do you have to be cabin crew in our airline?

33. Do you have any part time or job experience that is useful to work as cabin crew?

34. What are the differences between you and your best friend?

35. What was the top priority when you chose your major in university?

36. What do you like to do when you have free time, and why?

37. How would you contribute to making a pleasant working atmosphere?

38. What kind of job do you not want to have?

39. Do you think that sports help develop a good character?

40. Have you had a difficulty or problem when you worked as a team? If so, how did you deal with it?

승무원 영어면접 Answer

Chapter 19
Cover Letter & Resume
커버 레터 & 이력서

19 Cover Letter & Resume

Chapter. 19

커버 레터 & 이력서

TIP

항공사 승무원에 지원할 때 필요한 지원서 또는 이력서는 크게 4가지로 구분할 수 있다.

1. 국내 항공사는 지원할 때 회사 홈페이지에 올라온 지원서에 작성하여 접수한다.

2. 외국 항공사 중 국내 항공사처럼 직접 회사 홈페이지에 가서 지원하는 경우는 현재 한국에서 한국인 승무원을 채용하는 외국 항공사 중엔 캐세이퍼시픽 항공사가 있다. 그리고 한국에서 한국인 승무원을 채용하고 있진 않지만, 아랍 에띠하드 항공사 경우는 홈페이지에 지원하여 서류가 합격하면 면접 보러 오라고 인비테이션을 보낸다. 인비테이션을 받은 사람만 지정해주는 장소에 직접 가서 면접을 본다. 그리고 카타르 항공사나 에미레이트 항공의 경우 한국의 대행 기관을 통해 채용하기도 하지만 이력서를 들고 직접 정해진 장소에서 면접관에게 이력서 제출하면서 간단히 면접 볼 수 있는 오픈 데이도 있다.

   – 이때 필요한 서류가 바로 커버 레터, 자유 형식 이력서이다. 그리고 그 외 지원하는 항공사에서 요구하는 것이 있다면 작성해야 한다.

3. 외국 항공사 중 특히 싱가포르 항공사는 싱가포르 항공사에서 제공하는 지원서에만 작성하여야 한다.

4. 외국 항공사 중 특정한 기관에서 면접 대행을 하는 경우가 많이 있다. 이때는 그 면접을 대행하는 기관 홈페이지에 지원 접수한다.

---

* **주의할 점** Cover Letter 나 Resume 를 업로드 하게 될 경우나 파일로 첨부 할 경우 한글 파일이 열리지 않는 회사들이 있으니 한글로 작성 하지 않고 워드로 작성 하도록 한다.

Cover Letter

Resume/CV와 함께 보내는 business Letter이다.

Resume만 아무런 설명도 없이 보내는 것보다 더 정중하고 예의를 갖춘 자기소개서로서, 일종의 자기 PR문이라고 할 수 있으며 자신을 효과적으로 홍보하고, 채용 담당자의 관심을 끌어 면접의 기회를 얻기 위한 편지이다.

Cover Letter 작성방법

- 커버 레터는 비즈니스 문서의 서식에 따라 작성하며, 한 장 이내로 간결하게 정리하는 것이 기본이다.
- 커버 레터의 양식은 주로 본문은 3개 또는 4개 단락 이내로 매듭을 짓고 서두, 본론, 마무리의 내용으로 나누어 내용을 전개하도록 한다.

Sample #1

Date: MM/ DD/ YYYY
지원하는 회사 이름
회사 주소

Dear Department of Human Resources 또는 Personnel manager:

서론

응모직종과 이력서를 제출하게 된 경위를 기술

I am very interested in applying to your Company as a position of flight attendant. I greatly appreciate the opportunity to apply one of the best airline in the world. I believe I would make a worthy addition to your flight crew, I would like to be considered as a candidate for 00 Airways.

본문1(반드시 작성)

지원하는 포지션에 가장 유용한 자신의 경력, 학력, 능력, 특기사항에 초점을 맞추어 소개

As indicated in the enclosed resume, I have working experiences in the service industry and I enjoyed it very much. I also studied Tourism at my university. I'm fond of meeting all kinds of people, and I love to help people naturally and professionally. It would be so great for me to work as a position of flight attendant in your airline because I always wanted to have a career that I can utilize what I learned and what I experienced under the international environment.

본문2

본인의 희망이나 직무, 회사에 대한 포부 간략하게 기술

I am very impressed with the fact that 00 Airways is well known for the wonderful customer-oriented service and total quality service to not only Asian countries but also Western countries. I sincerely hope I can be a part of the important factors to contribute and make your company grow.

마무리

인터뷰에 대한 기대와 의지 기술

Of course, I think the best way for you to judge my qualifications is to talk with me in person. I will be there as soon as possible without hesitation. I may be reached on my mobile phone at 82-10-000-000 anytime. It would be a pleasure to interview with you and I look forward to hearing from you soon. Once again, thank you for the opportunity to apply to your company.

Enclosure: resume

Very truly yours,

이 름

지원자 이름

집 주소

전화번호

이메일 주소

Sample #2

지원자이름

주소

전화번호

이메일 주소

Date: MM/ DD/ YYYY

Dear Department of Human Resources 또는 Personnel manager:

회사 이름

회사 주소

서론

I am writing this letter to indicate my interest in the position for cabin crew in your company. I came across the advertisement in the newspaper/ on your website, at 회사 웹사이트 주소 (채용공지 알게 된 경위). I believe I am well qualified for this position. I have attached my resume for your further attention.

본문1

Below, I have also mentioned some of my credential that meets with the requirement you have posted on the job site:

- Speak Korean, English, and Chinese/Japanese fluently
- An excellent team player
- 3 years experience in customer service including resort and 5 star hotel
- Customer friendly personality with strong interpersonal skills, a positive attitude and a good knowledge of customer service

My experiences for many years have made me know how to deal with customers and work in a team; these help me to work fast and efficiently. I can be a great asset to the crew of your airline.

마무리

It would be grateful if you could review my resume and conduct an interview so that I can discuss my experience and qualifications to work as cabin crew in your company. You can call me at 82-10-0000-0000 at your convenience. You can also e-mail me at

choi@hanmail.net. I look forward to speaking with you soon.
Thank you for your time and consideration.

Sincerely,

이 름

Enclosure: resume

Sample #3

Date: MM/ DD/ YYYY

Dear Department of Human Resources 또는 Personnel manager:

회사 이름

회사 주소

I am writing to express my interest in the Cabin Attendant position I recently found posted in newspaper/on your website, at 홈페이지 주소.

My experience in working in various positions dealing with people, my exceptional language skills, and my work ethics makes me the best candidate for this position. I have spent the past 4 years in various customer service staffing positions, and would now like the opportunity to contribute these experiences and expertise to your Cabin Attendant at 00 airlines.

In your post for a qualified Cabin Attendant, you mentioned, your airline needs for a responsible, independent, and dedicated quality service professional. In addition to filling these roles with excellence, I also bring motivation, passion for the position, industry, and flexibility. I know I can be a great contribution to your team.

I look forward to speaking with you further regarding this position and hope I have the great opportunity to prove my qualities. Thank you for your time and consideration.

Sincerely,

이 름

Enclosure: resume

주소

전화번호

이메일 주소

Sample #4

이 름
주 소
전화번호
이메일 주소

Human Resources
회사 이름
주 소

I am pleased to submit my application for the position of Cabin Crew currently available at 회사이름 advertised in 채용공지 알게 된 경위. Along with my diploma in hospitality and 1 year of experience in the customer service industry, I am certain in my ability to become a vital member of 회사이름.

I have many useful and beneficial courses and training to interact with many different customers and work in a team. I am bilingual in Korean and English, and am currently studying Chinese/Japanese. 본인의 경력사항이나 승무원으로서의 자질 서술

I hope to have the opportunity to discuss my background and position in more detail with you in person. I have enclosed my resume which has more details about my education and prior experience. I believe I am a suitable candidate for this position in view of my customer service background and interest in serving people from all cultures. I can be reached at 82-10-0000-0000 at anytime at your convenience. I look forward to hearing from you soon. Thank you for your time and consideration.

Sincerely,
이 름

Enclosure: resume

Resume

TIP

외국 항공사를 지원한다면 자유 형식 이력서는 반드시 준비해 놓도록 한다.
다음 샘플들을 보고 본인 이력서를 만들어 본다. 단 스타일은 여러 가지일 수 있으니 예쁘게 꾸미고 색깔도 사용하여 성의 있게 만들어 보자. 프린트해서 가야 하는 경우는 반드시 컬러로 프린트하도록 하며 사진은 스캔하지 않고 반드시 이력서 위에 부착하도록 한다.

이력서- Resume(Curriculum Vitae)란 지원하는 회사에 제출하는 문서로 지원자가 살아오면서 이룩한 학업, 종사했던 직업, 지원하는 직위에 맞을 수 있는 특기 등을 정리한 한 장 또는 두 장짜리의 요약된 문서를 말한다. 지원하는 회사의 직무에 얼마나 적합한가를 우선 서류로 평가받는 것으로 취업의 일 차 관문이 이력서이다. 채용 담당자가 나에 대해 관심을 가지고 만나보고 싶어 할 만한 내용을 기술한다. 채용 담당자가 원하는 자질이나 배경을 빠뜨리지 않고 하이라이트 한다. Resume와 Curriculum Vitae의 차이는 분량에 있다. Resume보다 Curriculum Vitae가 더 상세히 기술하는 점이다.

Resume 만들기

Family name, First name

19, Nonhyun-dong, Gangnam-gu, Seooul, Korea
Home: +82-2-500-1111 / Cell: +82-10-2770-0000 / E-Mail: choi@hanmail.net

---

Objective/ Career Objective

1. 제목 둘 중의 하나 선택
2. 아래 9가지 중의 하나 선택해서 남겨놓고 나머지 다 지움

- Flight Attendant
- Seeking the challenging position of Flight Attendant
- Seek to join as an efficient Flight Attendant.
- Seeks a position as a flight attendant that uses communication and customer service skills.

- Seeking a challenging position as a flight attendant with opportunities for career
- Advancement and learning in aviation industry
- To obtain a position as a flight attendant in 항공사 이름, gain further skills and attain the goal of the organization aiming at mutual growth
- Enthusiastic professional with excellent customer service skills seeks an opportunity to improve passenger safety, security, and comfort at a worldwide corporate; 항공사 이름 flight attendant
- Professional Cabin Crew which can make full use of various experiences in the service field.
- Seeking to obtain a rewarding and challenging Flight Attendant position with a growth-oriented company that promotes a team environment to reach the highest possible standards

---

Profile / Skills/Highlights/ Qualifications Summary

1. 제목 하나만 선택하고 나머지 지움
2. 아래 여러 가지 중에 본인에게 해당하고 질문받아도 답변할 수 있는 내용 남기고 지우면 (3~5개 권장)비슷한 내용 많으니 겹치지 않게 선택

- Excellent/Good command of both spoken and written English
- Fluent in English and basic Japanese/ French
- Good in English as well as in Japanese communication
- Excellent team member
- Ability to quickly learn and clearly communicate regulatory guidelines
- High-energy, positive team player with an excellent work ethic; flexible and reliable
- Professional and concerned for customer comfort
- Passion for working with people; proven commitment to providing customer service
- Glad to travel; available with minimal notice, and known for thriving under high-pressure
- Ability to work rotating shifts, and/or overtime and travel on a constant basis.
- Remain calm and professional throughout critical incidents & good medical knowledge (간호사 출신 꼭 넣음)
- Relate well to people from a variety of cultures

- Able to stand for long period of time and work in various hours and on holidays
- Excellent communication and interpersonal skills
- Excellent relationship building with customers, very reliable and professional
- Extensive customer service experience
- Ability to remain calm in crisis situation
- International experience
- Ability to perform under pressure
- Able to communicate positively with staff and customer
- Able to deal with problems and complaints of customers by providing all time service
- Excellent understanding of customer service
- Friendly and personable; have worked in customer service field for more than 3 years
- Strong work ethic; enjoy a challenging work environment
- Professional appearance with a sense of style
- Well-groomed and neat appearance
- Strong physical ability to perform all job functions
- Excellent interpersonal skills and popular with customers
- Customer friendly personality with strong interpersonal skills, a positive attitude and a good knowledge of customer service
- Strong ability to work well with others as part of a team
- Excellent verbal communications and interpersonal skills
- Extensive knowledge of principles and processes for providing customer service, including customer needs assessment and meeting quality standards for service
- Outstanding customer service skills and great ability to understand customers' needs
- Remarkable knowledge of first aid procedures
- Confident, effective communicator and valued team player with excellent public relations skills, and an eye for detail

---

Education / Education&Training

본인 학교, (도시, 나라 이름 포함)전공으로 바꾸고 비해당사항 지움, 연월일 확인

00 University, Seoul, Korea. · Mar.2000–Present
Majoring in English; will earn a Bachelors Degree in Feb. 졸업예정 년도(현재 재학생인 경우)

00 College, Incheon, Korea. · Mar. 2000–Present
Majoring in Tourism; will earn an Associate's Degree in Feb. 졸업예정 년도(현재 재학생인 경우)

00 College. · 03/2000–02/2000
Earned an Associate's Degree in Musical

00 university, Sydney, Australia. · · · · · · · · · · · · · · · · · · · 03/2000–02/2000
Earned a bachelors Degree in Nursing Science
GPA: 3.8/4.5

00 University. · Mar. 2000–Feb.2000
Earned a Bachelors Degree in English Education

00 University. · Mar. 2000–Feb.2000
Earned a Bachelors Degree in Life and Environmental Science

어학연수

00 Language School, Bagio city, The Philippines. · · · · · · · · · · Mar. 2000–Feb.2000
Successfully completed English Language Programs.

고등학교

00 Girls' High School, Seoul, Korea. · · · · · · · · · · · · · · · · · Mar.2000–Feb.2000
Earned a Highschool diploma 또는 Graduated

Work Experience / Professional experience/ Employment History

1. 제목 하나만 선택하고 나머지 지움
2. 본인 이력만 남기고 다 지움, 했던 일 내용 읽어보고 해당 사항 없으면 지움

Company name, Seoul, Korea. · Mar.2000–Present
1번과 같이 회사이름 위에 쓰고 포지션 아래에 쓰거나, 아래 2번과 같이 한 줄에 포지션 먼저 쓰고 옆으로 회사이름이랑 날짜 쓰거나 둘 중의 하나 선택

00 Hospital, Seoul, Korea. · Mar.2000–Mar.2011

업무 상세사항은 2~4개 내용권장, 과거인지 현재 인지 시제 유의

Anesthetist Nurse

- Participated in surgery and put a patient under anesthesia
- Monitored and be with a patient from the beginning to the end of the procedure
- Assisted in the orientation of new staff members
- Performed clinical tasks according to hospital policies
- Worked in shifts which involved irregular hours; worked weekends and public holidays

Staff Nurse

- Scheduled patient admissions and discharges
- Monitored and maintained patient charts
- Assisted patients and family members in the education of health care needs
- Assess patient status and notify physicians of clinical changes
- Performed clinical tasks according to hospital policies
- Provide on going treatment information, support and education to patients

Sales Representative

- In charge of foreign customers who are from all over the world
- Answer phones and respond to customer requests
- Sell product and placed customer orders in computer system
- Provide customers with product and service information
- Handle cash register sales in Korean design products
- Arrange and design window displays.
- Handle and introduce sales promotions for new products
- Take orders from customers and handle all the process for shipment

Receptionist

- Responsible for the provision of an efficient and effective reception service, and for administrative support to other staff

- Greet visitors, ascertain the nature of their business, and refer them to appropriate staff members

Concierge

- Assisted foreign customers in filing a tax refund
- Answered telephone in friendly, professional manner, handle telephone messages accurately, completely, and promptly
- Displayed a warm friendly, professional greeting to all who enter the department store
- Handled customer requests for information and services

Customer Service Center Operator

- Responsible for customer service in the customer service division, duties included answering customer queries, problem solving and providing detailed information on customer' problems

GRO; Guest Relation Officer

- Handled customer problems by providing for their needs; mostly business men from all over the world
- Handled customer phones, mails, messages etc.

Bartender

- Provided bartending services for the bar and restaurant
- Responsible for opening/ closing, stocking inventory and cash handling
- Mixed ingredients to prepare cocktails and other drinks
- Kept good relationship with customers and displayed excellent customer service

Waitress

- Welcome and escort customers to their tables
- Serve food and liquor responsibly and professionally to a wide range of customers
- Communicate with customers and answer questions on menu items; handle a full range of side work and cleanup duties
- Serve food and/or beverages to patrons; prepare and serve specialty dishes at tables as

required

- Check with customers to ensure that they are enjoying their meals and take action to correct any problems

Model; Hanbok Model

- Introduce and explain about Hanbok to foreign tourists and take pictures with them in Duksoo Palace

Part- time Teacher

- Taught middle school students Sociology
- Worked with students in groups of 7 to 10 to help develop their study
- Created class materials and lesson plans for the class

Part-time Coffee Shop Counter& Barista

- Welcome patrons with a bright smile and warm hospitality, collect payments from customers, take orders and enter orders into computers, make coffee and other drinks, and clean tables or counters after patrons have finished

Bell Desk; Doorman

- Provided professional service to guests as they enter and leave the hotel
- Helped guests to load and unload their baggage
- Responded quickly to needs in opening doors and hailing taxy
- Worked in flexible schedule includes weekends and evenings

Tour Guide, Prague, Czech Republic

- Played an active role in the welcoming, enjoyment and safekeeping of all visitors, including children and less able people
- Conducted and organized tours for groups of tourists in a wide range of locations throughout Europe
- Informed visitors about heritage sites and attractions such as castles, museums and historical sites and took care of them when they were in need or encountered unexpected situations

Part–time English Teacher

- Teaching kindergarten children aged from 3 to 6 years old
- Working with students in groups of 7 to 10 to help develop their study
- Working with English native teacher each class
- Creating class materials and lesson plans for the class
- Planning and carrying out the daily activities and overall English program, and individualize the children progres

---

Extra–curricular Activity

1. 본인 해당 사항 빼고 지움
2. 추가할 내용 있으면 반드시 추가할 것

- Volunteered for medical service in The Philippines
- Volunteered for the community service; orphanage, nursing homes and welfare center
- Participating in donation project; 'Save the children'
- Participated in marathon race for charity
- Participated as a member of tap dance club at college
- Participated as a member of basketball team at college
- Participated in beauty pageant called 'Queen of Korea';made it to the top 10
- Worked as a school model at University

Certification/Honors/Awards

1. 해당하는 사항 있으면 내용 채워 넣고, 없으면 제목 지움

Military Service

1. 해당 사항 없는 지원자들은 다 지움

00 Army, Seoul, Korea

Mar.2000–Feb.2000; Honorable Discharge

Special Interests

1. 내용 더 채워 넣음
2. 면접 때 답변 유도 할 수 있도록 흥미로운 내용 있으면 반드시 넣음

- Travelling
- Cooking
- Dancing and singing
- Yoga and meditation
- Climbing mountains
- Water sports; scuba diving, wind surfing and diving
- Playing basketball

References

Available upon request.

I declare that the above facts given by me are true to the best of my knowledge and belief.

Family name, First Name

서 명 (프린트 후 자필 서명)

Resume Sample

자유 형식 이력서 Sample #1

Kim, Do Yeon(Christina)

747 Seongnae-dong, Gangdong-gu, Seooul, Korea
Home: +82-2-000-0000 / Cell: +82-10-0000-0000 / E-Mail: Kim@hanmail.net

Career Objective

- To obtain a position as a flight attendant in Cathay Pacific Airways, gain further skills and attain the goal of the organization aiming at mutual growth

Qualifications Summary

- Excellent command of both spoken and written English
- Confident, effective communicator and valued team player with excellent public relations skills
- Customer friendly personality with strong interpersonal skills, a positive attitude and a good knowledge of customer service

Education&Training

00 University .... Mar 2009–Feb 2014
Earned a Bachelors Degree in English Education

00 University, Seattle USA .... Mar 2012–Feb 2013
Finished a Course of Exchange Student

00 Girls' High School, Seoul, Korea .... Mar 2006–Feb 2009
Earned a Highschool diploma

Employment History

Part–time English Teacher, Seoul, Korea · · · · · · · · · · · · · · · · Mar 2013–present

- Teaching kindergarten children aged from 3 to 6 years old
- Working with students in groups of 7 to 10 to help develop their study
- Working with English native teacher each class

Part–time Coffee Shop Counter& Barista, Seattle, USA · · · · · · · · May 2012–Jan 2013

- Welcome patrons with a bright smile and warm hospitality, collect payments from customers, take orders and enter orders into computers, make coffee and other drinks, and clean tables or counters after patrons have finished

---

Extra–curricular Activity

- Volunteered for the community service; orphanage, nursing homes and welfare center
- Participated in marathon race for charity

Certification

- Score of 900on the TOEIC
- Teacher's License

Special Interests

- Travelling
- Cooking
- Swimming and diving
- Skiing

References

Available upon request.

I declare that the above facts given by me are true to the best of my knowledge and belief.

Kim, Do Yeon

자유 형식 이력서 Sample #2

Choi, Yoon Sun(Jullie)

747 Jijok-dong, Yooseongg-gu, Daejeon, Korea
Home: +82-42-000-0000 / Cell: +82-10-0000-0000
E-Mail: cys@hanmail.net/ Date of Birth: Feb. 13th, 1990

Objective

To obtain a position as a flight attendant in Cathay Pacific Airways, gain further skills and attain the goal of the organization aiming at mutual growth

---

Qualifications

- Fluent in English and Mandarine
- Registered nurse
- Excellent communication and interpersonal skills
- Strong physical ability to perform all job functions
- Remain calm and professional throughout critical incidents & good medical knowledge

---

Education&Training

03/2000-02/2000 00 university, Seoul, Korea
- Earned a bachelors Degree in Nursing Science
- GPA: 3.8/4.5

03/2000-02/2000 00 Language School, Toronto, Canada
- Successfully completed English Language Programs.

03/2000-02/2000 00 International High School, Shanghai, China
- Studied for 1 year as an exchange student

03/2000-02/2000 00 Girls' High School, Daejeon, Korea
- Graduated

Employment History

03/2000–02/2000	Staff Nurse, Seoul 00 Hospital, Seoul, Korea – Scheduled patient admissions and discharges – Monitored and maintained patient charts – Provide on going treatment information, support and education to patients
03/2000–02/2000	GRO: Guest Relation Officer, 00 Hotel, Toronto, Canada – Handled customer problems by providing for their needs; mostly business men from all over the world – Handled customer phones, mails, messages etc.

Extra-curricular Activity

03/2000–02/2000	Volunteered for medical service in The Philippines
03/2000–02/2000	Participated in marathon race for charity
03/2000–02/2000	Volunteered for the community service; orphanage, nursing homes and welfare center
03/2000–02/2000	Participated as a member of volleyball team at college

Certification

Registered nurse

Certified in first aid

Qualifications

Painting

Playing the musical instruments; piano, guitar

Playing tennis

Yoga

Qualifications

Available upon request.

I declare that the above facts given by me are true to the best of my knowledge and belief.

Choi, Yoon Sun

외국 항공사 Application Form Sample

■ 싱가포르 항공사 지원서

CONFIDENTIAL
APPLICATION NO. (   )

Paste here a recent photograph of yourself

SINGAPORE AIRLINES

APPLICATION FOR EMPLOYMENT

PLEASE READ THESE INSTRUCTIONS CAREFULLY.

1. This form is to be completed in block letters 정자체로 작성하기
2. Do not leave any item blank. If it is not applicable to you, indicate 'N.A.'. 해당 사항 없어도 칸 비어놓지 않고 N.A 로 쓰기
3. For those items accompanied by an *, please circle the appropriate item.*표 표시된 부분은 해당사항에 동그라미 하기
4. False particulars or wilful suppression of material facts will render you liable to disqualification, or, if appointed, to dismissal and/or appropriate legal proceedings. 허위로 기재 시 불합격 처리되며 적발 시 불이익 있을 수 있음
5. SIA does not enter into correspondence with regard to the reasons for non-selection of candidates.
불합격자에게는 따로 연락 하지 않음

A POST APPLIED FOR (State advertisement/ medium and date) 지원하는 포지션	CABIN CREW	
B FULL NAME as stated In NRIC or Passport (**Underline Surname/ family name**) 이름(성에 밑줄 긋기)	Dr/Mr/Miss/Mrs/Mdm* (여권상에 있는 이름 스펠링과 동일하게,) 예) YOON SUN CHOI	NRIC NO (FOR SINGAPORE CITIZENS OR PERMANENT RESIDENTS) **Pink/Blue*** N.A
C ADDRESS AND CONTACT NUMBER 주소, 연락처	Residential Address 예) 747, JIJOK-DONG, YOOSEONG-GU, DAEJEON, S. KOREA	Home Tel +82-42-747-0000 없으면 N.A
	Postal Address (if different from above) THE SAME AS ABOVE 또는 N.A	Pager/Handphone No +82-10-747-0000
	E-mail Address 이메일 주소	Office Tel +82-42-000-0000 없으면 N.A
D NATIONALITY, RACE, MARITAL STATUS, RELIGION, HEIGHT AND DRIVING LICENCE 국적, 인종, 결혼여부, 종교, 키, 운전 면허증	Date of Birth: 13 FEB 1988 / Age: 만 나이 / Weight: KG / Height: CM / Place of Birth: DAEJEON, S. KOREA	Nationality KOREAN
	Race: Chinese/Malay/Indian/ Eurasian/Others (please specify)* KOREAN	Religion: Buddhist/Muslim/Christian/Hindu/Others* 없으면 N.A
	Marital Status: Never Married/Married/Widowed/Divorced/Separated*	If registered as Singapore citizen, please state registration number and date of issue of Citizenship.
	FOR NON-SINGAPORE CITIZEN please state Passport or Identity Card number and country of issue 여권번호, REPUBLIC OF KOREA	NO ---------------------- N.A ---------------- -- DATE ------------------------------------
	SINGAPORE PERMANENT RESIDENT STATUS: Yes/No* If yes, please provide: Reference Number ---------------------------------- Date obtained ---------------------------	
	Do you hold a driving licence? If so, what class of licence? YES. CLASS 1(1 종) / CALSS 2 (2 종)	
E EMPLOYMENT PASS AND WORK PERMIT (FOR NON CITIZEN) 싱가포르 국적만	Employment Pass/Work Permit* Number: N.A / Date of Issue: N.A	Expiry Date N.A
F NATIONAL SERVICE (For Singapore Citizens and Permanent Residents only) 싱가포르 국적만	Liability: FULL-TIME/PART-TIME/EXEMPTED/REGULAR* N.A	
	Enlistment Date: N.A / Operationally Release Date: N.A	Highest Rank Attained N.A
	Vocation: N.A	Unit Attached To N.A
	If Exempted, state reasons for Exemption N.A	

G PARTICULARS OF SPOUSE/ NEXT-OF-KIN 비상 연락처	Name WAN WOOK CHOI	NRIC/Passport No 여권번호/ 여권 없으면 NIL	Relationship 관계 예) FATHER
	Date of Birth 생년월일 예) 07 JUN 1900	Race KOREAN	Religion BUDDHIST 또는 CHRISTIAN 없으면 N.A
	Home Address 집 주소 예) 747, JIJOK-DONG, YOOSEONG-GU, DAEJEON, S. KOREA		Home Telephone 집 전화번호
	Occupation/Employer 직업/회사이름		Citizenship KOREAN

H PARTICULARS OF YOUR CHILDREN (Whether by birth or adoption) 지원자의 자녀	Name	NRIC/Birth Certificate No	Occupation, Name of Employer/ School (if applicable)	Relationship to Applicant	Date of Birth
	N.A	N.A	N.A	N.A	N.A

I PARTICULARS OF PARENTS/BROTHERS/ SISTERS 부모님, 형제, 자매	Name	NRIC/ Passport No 여권번호/ 여권 없으면 NIL	Occupation, Name of Employer/ School (if applicable) 직업, 회사이름/학생인 경우 학교 이름	Relationship to Applicant 관계	Date of Birth
	예) WAN WOOK CHOI			예)FATHER	일/월/년 07 JUN 1900
				예) MOTHER	
				예)BROTHER	

J QUALIFICATIONS (Attach relevant certificates for each category)
싱가포르 교육

GCE 'O'/SPM* (or equivalent, please state):		GCE 'A'/STPM* (or equivalent, please state):	
Name of School: N.A	Year:	Name of School: N.A	Year:
Subject	Grade	Subject	Grade
N.A	N.A	N.A	N.A

Diploma/Special Courses (other than degree) 학사 외에 졸업증서나 학위증/ 특별 과정 예) ENGLISH LANGUAGE PROGRAM		Institution/Year of Graduation 기관이름/ 마친 년도 예) 00 UNIVERSITY/2012
FIRST DEGREE BACHELOR'S DEGREE	Institution & Country 학교이름 &나라 예) 00 UNIVERSITY, S. KOREA	From: 예) MAR 2009 To: 예) FEB 2012
	Degree studying for/obtained (please state major if any) 전공 이름	Class of Honours or Grade Point Average Expected/Awarded* 학점 예) 3.5/4.5

Higher Degree/Post-Graduate/Professional Qualification
대학원 또는 직업 전문 자격증 해당 사항 없으면 N.A

K CHARACTER REFEREES		
Give particulars of 2 referees (other than relatives). They should be responsible persons who know you well and at least one should be well acquainted with you in your private life. Names of distinguished persons must not be given unless they know you well and have agreed to be your referees. Testimonials from these referees should not be sent. SIA will write to them if necessary. 신원 보증인 2 명 (가족, 친척 제외)	Name 이름	
	Address 주소	
	Occupation and organisation 직업, 회사이름	Period Known 알고 지낸 기간 예) 5 YEARS
	Name 이름	
	Address 주소	
	Occupation and organisation 직업, 회사이름	Period Known 알고 지낸 기간

L EXTRA CURRICULAR ACTIVITIES

State your ECA in school/college/university/community/workplace giving level of participation and office held. (Use separate sheet if space is insufficient.)

특별활동, 자원봉사활동, 대외 활동 등

예)

- VOLUNTEERED FOR COMMUNITY SERVICE; ORPHANAGE, NURSING HOMES AND WELFARE CENTER
  OO UNIVERSITY, SEOUL.........JUN 2012- APR 2013

M CURRENT EMPLOYER 현재 직장

Name & Address of Company	Current Position	Period with company		Present salary		Bonus/AWS/ Fringe Benefits	Reason for wanting to leave
		From mth/yr	To mth/yr	Basic	Allowances		
회사이름, 주소 예) 00 , SEOUL	예) RECEPTIONIST	예) JAN/2011	예) PRESENT	예) USD2,000 /MTH	예) N.A	예) N.A	예) TO CHANGE CAREER

N PREVIOUS EMPLOYMENT HISTORY, INCLUDING PART-TIME JOBS (Use separate sheet if space is insufficient.)
파트 타임을 포함한 직장 경험(최근부터 기술)

Name & Address of Company	Position held	Period with company		Present salary		Bonus/A WS/ Fringe Benefits	Reason for leaving
		From Mth/yr	To mth/yr	Basic	Allowances		
							예) 계약기간 만료 CONTRACT EXPIRED 이직 CHANGED CAREER

REFERENCE TO PREVIOUS EMPLOYERS AND SALARY EXPECTED

Do you object to reference being made to your present/previous employers? If yes, why?	Notice period required by your employer	Salary Expected
NO	2 -4 WEEKS	FOLLOWED BY COMPANY'S REGULATION

O LANGUAGES

State the language you can write and speak and standard of proficiency **Fluent, Good, Satisfactory, Poor**

Language	Standard		Language	Standard	
	Written	Spoken		Written	Spoken
KOREAN	FLUENT	FLUENT			
ENGLISH	FLUENT	FLUENT			
CHINESE	해당사항	없으면 지움			
JAPANESE	해당사항	없으면 지움			

P ANSWER THE FOLLOWING QUESTIONS BY INDICATING (√) IN THE APPROPRIATE BOX. IF "YES" GIVE DETAILS IN THE RIGHT HAND COLUMN

	Yes	No	
1. Have you ever been charged with any offence or convicted by any Court or detained by the authorities under the provisions of any law in any country? (**Important:** Please note you must give full details of any charges made against you even if you were eventually acquitted by the Court).		√	
2. Has any bankruptcy action ever been taken against you?		√	
3. Has any Court judgement or order ever been made against you ordering you to pay a debt to someone?		√	
4. Have you signed a promissory note or an acknowledgement of indebtedness for which the amount pledged has not already been fully repaid?		√	
5. Have you ever been employed in any capacity with SIA, its predecessors or its subsidiaries? Give designation, period of employment and reason for leaving.		√	
6. Have you applied on any previous occasions for employment in any capacity with SIA? Give date and position applied for.		√	
7. Have you any relative in SIA? If yes, please give designation, name and relationship.		√	
8. Have you any involvement in any business undertaking? (e.g. Directorship, Partnership, etc.)		√	
9. Have you suffered from any mental illness or any physical illness or disability for which you have received medical treatment? (e.g. diabetes, tuberculosis, epilepsy, asthma, etc.)		√	
10. Are you confident to swim with a life jacket?	√		
11. Have you any visible scars, birthmarks and/or pigment spots on your face, neck, hands and lower arms?		√	
12. a. Are you currently wearing any dental braces? If yes, please proceed to question 12b.			
b. Please state expected date of removal of braces.			:

Q DECLARATION

I declare that the information given by me in this application for employment is true to the best of my knowledge and that I have not withheld any relevant particulars. I have disclosed all the information required to be given in this application. This declaration shall, if I am employed by the Company, be part of my contract of service. I accept that if any of the information given by me in this application for employment is in any way false, or incorrect, the Company shall have the right to dismiss me without notice and without assigning any reason.

Signature: ---------------------------서명 Date: ------------

■ 타이 항공 지원서

THAI Application Form

NO.

Thai Airways International Public Company Co. Ltd.

Position desired	CABIN CREW	**Expected Salary** 희망급여	Photo
Job Interested	CABIN CREW	FOLLOWED BY COMPANY'S POLICY	

Personal Record

Name – Surname	**Identification Card No.**
이름 - 성	주민등록번호

Sex 성별	**Date of Birth**	**Age**	**Height**	**Weight**	**Place of Birth** 고향
☐ Male ☐ Female	예) 05 Nov, 1988	만 나이	cm	kg	예) SEOUL, S.KOREA

Nationality 국적	**Ethnic Origin** 인종적 태생	**Religion** 종교 없으면 N.A
KOREAN	KOREAN	예) BUDDHIST 또는 CHRISTIAN

Current Address	No.	Road	City
현 주소	예) 50,	SEONGNAE-DONG, GANGDONG-GU,	SEOUL
	Country	**Area Code**	**Tel. -**
	S. KOREA	우편번호	+82-10-

Marital Status 결혼여부

☐ Single ☐ Married ☐ Separated ☐ Divorced ☐ Widowed

Father's Name 아버지 성함(이름-성)	**Nationality**	**Mother's Name** 어머니 성함(이름-성)	**Nationality**
Occupation 직업	KOREAN	**Occupation** 직업 예) 가정주부 HOME MAKER	KOREAN
Employer's Name 회사이름		**Employer's Name** 회사이름 없으면 N.A	

비상연락 **In case of emergency, notify**	**Name – Surname**	**Relationship**	**Address**
	이름-성	관계 예) FATHER	주소

Tel. No. +82-

Education

Education Level	Name of School	Major Subjects	Years Attended From	Years Attended To	Grade Point Average 성적
High School 고등학교	학교이름	GENERAL STUDY	예)2006	예)2008	예)GRADUATED
Vocational Certificate 직업전문자격증	해당 사항 없으면 N.A				
Vocational Diploma/Jr.Degree					

직업전문 학교 / 전문 학사					
Bachelor's Degree 학사		전공이름			예) 3.5/4.5
Master's Degree 석사	해당 없으면 N.A				

Test of English

TOEIC	TOEFL	G – TELP	OTHERS
토익 성적	성적/해당 없으면 N.A	성적/해당 없으면 N.A	성적/해당 없으면 N.A

Training and others 어학연수나 교환학생 포함 학교 교육 외에 교육받은 프로그램

Year	Period	Institution	Description of Duties/ Activities
예) 2011	예) 6 MONTHS	예) 00 UNIVERSITY, USA	예) ENGLISH LANGUAGE PROGRAM

Employment Record (Start with most recent job)

Employer's Name Tel. No. 회사이름, 전화번호 (최근 근무한 것부터 작성)	**Last Position** 지난 직장직위	**Duties** 업무내용 (간단하게)	**Employment Period** 근무기간		**Salary** 급여	**Reason For Leaving** 이직 이유
			From	**To**		
예) 회사이름, 전화번호 예)+82-2-000-0000	RECEPTIONIST	RECEPTION SERVICE & ADMINISTRATIVE SUPPORT	03/2011	03/2013		예) TO CHANGE A CAREER

Special Skills

Proficiency in Languages	**Indicate : excellent, good, fair or slight**				**Computer**		
						Period	
	Understanding	**Speaking**	**Reading**	**Writing**	**Program**	**Studied** 배운기간	**Past Experience** 경력기간
KOREAN	EXCELLENT	EXCELLENT	EXCELLENT	EXCELLENT	컴퓨터 프로그램 이름	예) 3 MONTHS	
ENGLISH	EXCELLENT	EXCELLENT	EXCELLENT	EXCELLENT			
CHINESE	해당 없으면	지움					

Other Skills - **Typing** ☐ **Korean** .... **wpm.** (일분에 몇 타) ☐ **English** ....**wpm.**

– **Telex** ☐ **Excellent** ☐ **Fair** N.A

Professional License (직업)전문자격증........................ Type ....
.... Type
....

Driving License Type ...CLASS 1 (1종) 또는 CLASS 2 (2종)..................License No 운전면허증번호

....
Any other additional information 지원서에 없는 내용 중 추가 하고 싶은 내용(예, 취미, 특별활동, 자원봉사활동, 대외 활동.등등) __________ __________
Have you ever applied for the job with TG? ☐ No ☐ Yes (day/month/year) 타이 항공 지원한 적 있는지 (/ /)
NOTICE Statement given above and/or documents submitted with the application must be true and correct. If the applicant gives any false or misleading statement or document, the Company shall revoke the application or employment and the Company shall also take legal action against the applicant. This action will also be effected on those qualifications of the applicant which cannot be proved or clarified to the satisfaction of the Company, or in the case where the educational degree certified by the official does not meet the criteria of the Company.
________ 서명 ________ Signature __________ Date(day/month/year)
For official use only __________ __________ __________

■ 카타르 항공 지원서

QATAR AIRWAYS القطرية APPLICATION FOR EMPLOYMENT ()

PASSPORT

PHOTOGHAPH

(3.5 * 4.5)

FULL NAME: Nickname:

DATE OF BIRTH : E-mail :

PRESENT ADDRESS:

CONTACT NO : +82 -

MARITAL STATUS : SINGLE ☐ MARRIED ☐

HEIGHT IN CMS: CM WEIGHT IN KGS: KG

RELIGION: NATIONALITY AT BIRTH:

NATIONALITY & PASSPORT NO: DATE OF EXPIRY:

LANGUAGES

LANGUAGE	SPOKEN			WRITTEN		
	FLUENT	AVERAGE	MINIMAL	FLUENT	AVERAGE	MINIMAL
Korean						
English						

EDUCATION QUALIFICATIONS

DATES		SCHOOL/UNIVERSITY/LOCATION	SUBJECTS	RESULTS ACHIEVED
FROM	TO			

EMPLOYMENT RECORDS

DATES		NAME OF COMPANY&LOCATION	POSITION HELD	REASON FOR LEAVING
FROM	TO			

SIGNATURE : DATE:

■ 가루다 인도네시아 항공 지원서

photograph
(4*6cm)

Garuda Indonesia

APPLICATION NO. (   )

APPLICATION FOR EMPLOYMENT

PLEASE READ THESE INSTRUCTIONS CAREFULLY.

1. This form is to be completed in **block letters**
2. Do not leave any item blank. If it is not applicable to you, indicate **'N.A.'**.

POST APPLIED FOR 지원하는 포지션	CABIN CREW	
FULL NAME 이름	Miss (여권상에 있는 이름 스펠링과 동일하게) 예) KIM, YEO YEON	English name 영어이름 예) RHEA
ADDRESS AND CONTACT NUMBER 주소, 연락처	Residential Address 예) 500, SEONGNAE-DONG, GANGDONG-GU, SEOUL, KOREA	Home Tel No. + 82-2-
	Postal Address (if different from above) 예) THE SAME AS ABOVE 또는 N.A	Cell Phone No. + 82-10-
	E-mail Address 이메일 주소	

PERSONAL DATA 개인 신상정보	Date of Birth	Age	Gender	Height	Weight	Religion	Nationality
	예) 05th JAN, 1988	만 나이	FEMALE	CM	KG	BUDDHIST 또는 CHRISTIAN 없으면 N.A	KOREAN

PARTICULARS OF PARENTS/ BROTHERS/ SISTERS 부모/형제/자매 사항	Name 성, 이름	Occupation, Name of Employer/ School (if applicable) 직업, 회사이름/ 학생이면 학교이름	Relationship to Applicant 관계	Date of Birth 생년월일
				예) 23/05/00

EDUCATION 교육	Name of School 학교이름	Major 전공	Period From mth/yr	Period To mth/yr	City, Country 도시, 나라	Result Achieved 성적
	COLLEGE 또는 UNIVERSITY	전공이름	월/년도 예) 03/2007 - 02/2009	월/년도	예) SEOUL, KOREA	예) 3.5/4.5
	HIGH SCHOOL	GENERAL STUDY				GRADUATED

CABIN CREW ACADEMY	승무원 양성 교육 기관

없으면 N.A

CHARACTER REFEREES 신원 보증인 (두 명 다 씀)	Name 이름	
	Address 주소	
	Occupation and organization 직업, 회사이름	Period Known 알고 지낸 기간 예) 2 YEARS
	Name 이름	
	Address 주소	
	Occupation and organization 직업, 회사이름	Period Known

EXTRA CURRICULAR ACTIVITIES
특별활동, 자원봉사활동, 대외 활동 등등

예) VOLUNTEERED FOR COMMUNITY SERVICE; ORPHANAGE, NURSING HOMES AND WELFARE CENTER
OO UNIVERSITY, SEOUL·········JUN 2012- APR 2013

CURRENT EMPLOYER
현 직장

Name & Address of Company 현재직장, 주소	Current Position 현 포지션	Period with company 근무기간		Reason for wanting to leave 그만두려는 이유
		From mth/yr	To mth/yr	
예) 회사이름, SEOUL 현재직장 없으면 N.A	RECEPTIONIST	01/2011	PRESENT	예) TO CHANGE CAREER

PREVIOUS EMPLOYMENT HISTORY, INCLUDING PART-TIME JOBS
아르바이트를 포함한 전 직장

Name & Address of Company	Position held	Period with company		Reason for leaving
		From	To	
				예) 계약기간 만료 CONTRACT EXPIRED
				예) 이직 CHANGED CAREER

LANGUAGES

State the language you can write and speak and standard of proficiency – **Fluent, Good, Satisfactory, Poor**

Language	Standard			Test Score/Level	
	Speaking	Listening	Writing		
KOREAN	FLUENT	FLUENT	FLUENT	N.A	
ENGLISH	FLUENT	FLUENT	FLUENT	TOEIC	
CHINESE	해당사항	없으면 지움		HSK	
JAPANESE	해당사항	없으면 지움		JPT	JLPT

Signature ____________________프린트 후 자필 서 명   Date ____일/월/년____________________

Garuda Indonesia Indonesia

■ 필리핀 항공 지원서

Philippine Airlines **Application for Employment** No. (지원번호)

※ Please DO NOT leave any blank. Indicates "N.A." if not applicable.

Passport Photograph (3.5 *4.5)	NAME	FULL NAME	여권상에 있는 이름 스펠링과 동일하게) 예) KIM, YEO YEON	Telephone	+ 82-2-
		NICK NAME	영어이름	Mobile	+ 82-10-
		DATE OF BIRTH	예) 05th JAN, 1988	E-mail	이메일 주소
				Religion	BUDDHIST 또는 CHRISTIAN 없으면 N.A
	NATIONALITY		KOREAN	Gender	F ■ M □
	MARITAR STATUS		NOT MARRIED ■ MARRIED □ DIVORCED □		
	CURRENT ADDRESS		예) 19, NONHYUN-DONG, GANGNAM-GU, SEOUL, KOREA		

Education	EDUCATION LEVEL	SCHOOL / INSTITUTION / PROGRAM	CITY	GRADUATION YEAR
	Elementary	초등학교 이름	예) SEOUL	졸업 년도
	Junior High School	중학교 이름		
	Senior High School	고등학교 이름		
	University	대학교 이름		
	Post Graduate	대학원 이름		

INFORMAL EDUCATION /COURSES	COURSE	INSTITUTION	COURSE LENGTH	CITY
	학교 외 받은 훈련 과정이름	기관 이름	기간 예) 3 MONTHS	예) SEOUL

Employment Record	Date	Name of Company	Location	Position	Assignment
	예) 01/2011~PRESENT	회사이름	예) SEOUL	예)RECEPTIONIST	예)RECEPTION SERVICE & ADMINISTRATIVE SUPPORT
	~				
	~				
	~				
	~				

Certification	Name of Certification	Place of Issue	Date of Issue
	자격증이름	예) SEOUL	예) 20th JAN, 2014

Language School	Date	Place	Program
	예) JUN 2012- APR 2013	00 UNIVERSITY, USA	ENGLISH LANGUAGE PROGRAM

Language	Language	Communication Ability	Name of Test	Score	Date
	English	FLUENT	예) TOEIC	점수	취득 날짜
	Korean	FLUENT	N.A	N.A	N.A

Body			Eyesight			
	Height	cm		Naked	(L)	(R)
	Weight	kg		Corrected	(L)	(R)
					glasses ( )	contact lens ( )

SELF INTRODUCTION

예) In my college, learning about tourism industry including service of airlines made me become more passionate about this position. And, my work experiences in the service industry and volunteer experiences helped me build up better communication and interpersonal skills. I enjoy interacting with other people and catching their needs is second nature to me

As for my strength, open-minded and understanding are probably the best words to describe myself. I am willing to listen to others, understand, and respect other people's mind. So my friends usually tell me about their worries and I try to understand their feeling and give them advice. Also, I've always been a great team player and therefore I can work efficiently to produce quality work in a team environment.

I believe that my education and experience would be useful in your company and it will be compatible with my interests and character as well. I will make my every effort with a great pride in the job and your company. Furthermore, I will definitely try all I can do to give a good impression to my passengers so that they will fly with our airline again and will always give my 110%.

APPLICANT'S DECLARATION

I HEREBY DECLARE THAT THE INFORMATION GIVEN IS CORRECT TO THE BEST OF MY KNOWLEDGE AND BELIEF AND THAT I HAVE NOT WITHHELD ANY INFORMATION WHICH MIGHT REASONABLY BE CALCULATED TO ADVERSELY AFFECT MY SUITABILITY FOR EMPLOYMENT

Signature/Date:______________________

Philippine Airlines

승무원 영어면접 Answer

Chapter 20

Interview Questions List

기출질문 리스트

20 Interview Questions List

Chapter. 20

기출질문 리스트

국내항공사 영어면접 기출질문 100

1. How are you feeling today?
2. What are your new year's resolutions?
3. Where do you live?
4. Tell me about yourself.
5. Did you have breakfast? what did you eat?
6. Where are you from? Tell me about your hometown.
7. Could you let me know about your family?/What does your father do?
8. Do you spend a lot of time with your family?
9. What do your parents think of you becoming a flight attendant?
10. Do you know anyone who works for us?

11. What is your favorite food/sport/movie/book/holiday?
12. Do you have any hobbies?/ How do you spend your spare time?
13. How do you keep yourself healthy?
14. Do you have any special ability/ skill/ talent/ specialty/long suit?
15. What are you interested in recently?
16. What foods can you make?/Which Korean food would you recommend to foreigners?

17. What did you do last weekend?

18. Whom do you respect besides your parents?/Who is the mentor of your life?

19. Whom do you want to meet among entertainers or celebrities? And why?

20. How do you release your stress?/How do you cope with your stress?

21. What is your major? / What was the most impressive thing in your major?

22. Why did you choose your major?

23. Where you involved in any club activities at your university? And if you were, what did you learn from them?

24. What was the most impressive moment in your school days?

25. How did you study English? / How did you prepare for the English interview?/What did you do for improving your English proficiency?

26. How many languages can you speak?

27. Have you had any part-time jobs?

28. Have you had a chance to work as a volunteer?

29. What do you do at the moment/(for a living)?

30. Tell me about the most difficult thing at your current job?

31. Have you ever been to another country for travelling or studying?

32. Have you experienced any cultural shocks or differences in other countries?

33. What did you learn from travelling?

34. Which place was the most impressive among the places you have been to?

35. If a foreigner asks you about 명동, what can you tell him?

36. Where do you usually hang out with your friends in Seoul?

37. Where do you want to go on your honeymoon?

38. What country would you like to visit in the future if you become a cabin crew?
39. Which place would you recommend to foreigners?
40. Which Korean food would you recommend to foreigners?

41. What would you say about your strong and weak points?
42. Do you get along well with people?
43. What is the principle/ motto of your life?
44. Are you a team player?
45. Do you prefer to work alone or as the member of a team?
46. Can you tell me about a time when you showed leadership skills?
47. Can you endure/handle pressure well?/How do you release your stress?
48. When do you get stressed out?
49. Do you have foreign friends?
50. Can you describe one of your best friends?

51. Do you have a boyfriend/girlfriend? How long have you dated?
52. Tell me about the biggest decision you ever made in your life.
53. Tell me about the most difficult moment in your life.
54. Tell me about the most unforgettable moment or person in your life.
55. What has been your biggest success in life?
56. Have you worked in the service field?
57. What is the real service mind?/ How would you define 'good service'?
58. Can you tell me about a time you had to deal with a difficult customer?
59. What is special about Korean Air/Asiana Airlines' service?/ Is there any suggestion that you want to make to improve our service?

60. How can you explain bibimbap? Can you explain how to eat it?

61. What is the strength that separates you from other applicants?

62. What are the most suitable qualifications to be a cabin crew?

63. Since when did you want to become a flight attendant?

64. Why do you want to be a flight attendant?

65. What kind of cabin crew do you want to become?

66. What are some important characteristics of becoming a flight attendant?

67. What is your impression of a flight attendant?

68. What are some advantages and disadvantages of becoming a flight attendant?

69. Once you become a flight attendant, what kind of service would you like to offer?

70. Which one is more important: safety or good service?

71. Have you ever applied to our company?

72. Why do you want to work for us?

73. How much do you know about KE/OZ?

74. What is the different thing between ke and oz?

75. Do you know "SKYPASS"/ A Star Alliance?

76. What will you do in 10 years?

77. Have you ever read the KE in-flight magazine, 'Morning Calm'? What did you think of it?

78. Do you know the new cities that we have recently starting serving?

79. If you are employed, how long are you going to work for us?

80. Why should we hire you instead of someone else?

81. If a passenger smokes on the airplane, how can you handle him/her?

82. If a baby keeps crying, what would you do?

83. How can you recognize a passenger who is angry?

84. If a drunken passenger keeps requesting more alcohol, what would you do?

85. What would be your reaction toward an angry passenger? And why?

86. What would you do if an economy-class passenger asks for the first-class meal?

87. If the passenger complains that it's really hot in the aircraft, what would you do?

88. If there is a bomb threat, how would you feel? How would you handle yourself?

89. If a passenger wants to change his/her seat to first class, what would you do?

90. If a passenger asks you on a date, what would you do?

91. If you have some tension with your senior, how can you handle it?

92. What do you think are some difficult problems working with foreign passengers?

93. How can you explain Ssambap? Can you explain how to eat it?

94. If a passenger keeps touching you or grabbing you on your butt, what would you do?

95. If your partner is being lazy, what will you do?

96. If a passenger takes a blanket, what would you do?

97. When you get your first paycheck, what would you like to do with this money?

98. If you knew you were dying in a month, what would you do before it's too late?

99. What are you going to do if a child is disturbing other passengers?

100. There could be a lot of emergency situations on airplanes. How can you handle them?

국외항공사 영어면접 기출질문 100

Small Talk

1. How are you feeling today?
2. What does your Korean name mean? Do you have an English name?
3. Where are you from?/Are you from Seoul?/How did you get here today?
4. How tall are you?
5. What do you do at the moment?/What do you like the most about your current job?
6. Have we met before?
7. Did you put on your make up by yourself?/What kind of mascara/lipstick did you put on?
8. I like your jacket. Where did you buy it?
9. Why did you choose to wear this dress/color?
10. How did you find the English exercise? (How do you feel about this paper test?)/Have you finished the exam? Did you find it difficult?
11. What is your hobby?/ What do you usually do when you have spare time?
12. What are your recent interests?
13. Do you enjoy cooking/learning new things/outdoor activities?
14. What do you like to do in spring/fall/summer/winter?
15. What is your favorite sport/pet/band/movie star/favorite holiday destination/ movie/book/ favorite number?

Questions about You

16. Tell me something about yourself./ Could you briefly introduce yourself?
17. How would you describe your personality?
18. What do you consider to be your strengths?
19. What do you feel are your weaknesses?
20. Why do you think you are qualified to be a member of our airline?

21. Tell me about your overseas experience.
22. How did you spend your free time when you studied in Beijing/00?
23. What was the most difficulty when you lived in other country?
24. If your foreign friends visit Korea, where would you like to take them?
25. What did you learn from your overseas experience?
26. What are you most proud of having achieved in your life so far?
27. What has been the most difficult moment in your life? And tell me how you overcame the situation.
28. What has been the biggest mistake you have ever made in your life?
29. Where do you see yourself in five/10 years?
30. What makes you happy/sad/depressed/angry?

Education and Training

31. Can you tell me about your course at the university?/What is your major?
32. Why did you choose that major?
33. What did you learn from your school life?
34. Did you enjoy any particular part of your studies more than the rest?
35. Do you think that the course is beneficial for your career? If so, in what ways is it beneficial?
36. How do you think your education has prepared you for this position?
37. Were you involved in an extracurricular activity?
38. Can you tell me about a project that you worked on at university?
39. Where did you study English and how long did you study?
40. Can you speak any other language besides English?

Job, Company & Country

41. Why do you want to work as cabin crew?
42. Since when did you want to become cabin crew?
43. What do you know about cabin crew's duty?
44. What do you think are the advantages/benefits of becoming cabin crew?
45. What do you think are the drawbacks/difficulties of becoming cabin crew?
46. How did you prepare for this interview?
47. What kind of cabin crew do you want to become if you work for us?
48. Why do you want to work for this company?
49. What do you know about this company?
50. What is your impression of this company?

51. Why do you want to work for us instead of Korean domestic airlines?
52. What do you expect from this for or company?
53. What can you contribute to this company?
54. What do you know about our country?
55. Have you been to our country before?
56. What is your impression of our country?
57. Why do you want to go to Hong Kong/Singapore/Thailand?
58. Have you ever met or worked with Chinese/Japanese?
59. How will you manage your life in Hong Kong/Singapore/Thailand?
60. What do you want to do if you live in Hong Kong/Singapore/Thailand?

Team Work

61. Have you ever worked as a member of a team? Are you more of a leader or a follower when you work in a group?
62. What do you think is the most important quality when working as a team?
63. Have you had any difficulty or problem during team work? /Have you had a situation when you had difficulty because of your co-worker?
64. How will you work with your colleagues in our company?
65. If you can choose, what kind of co-workers do you want to work with?
66. Have you helped your co-worker voluntarily even though he or she didn't ask you?
67. Have you ever worked with someone who has a totally different working style from you?
68. What kind of co-workers don't you want to work with? /What type of colleagues would you feel difficult to get along with?
69. Have you ever got bad/negative feedback from your co-workers/boss?
70. Have you had a disagreement with your co-workers/boss?

Employment History

71. Do you have any work experience?(in the service field?)
72. Do you have any useful working experience to work as a cabin crew?
73. What did you like the most/least about your(previous) job?
74. Why did you leave your last position?/ Why do you want to change your career?
75. What have you learned from your previous job experience?
76. What has been your greatest achievement in your working history?
77. Do you have any difficulty at your current work?
78. Have you ever come up with a good idea for the company?
79. Have you ever used your flexibility to solve any problems?
80. Have you had any situations when you felt stressed at work?

81. Are you a person who play by the rules?/ Do you keep the rules and observe them?
82. Tell me about your company's rules/policies/regulations.
83. Have you ever broken a regulation of your company?
84. Have you made a wrong decision at work?
85. Have you had a situation that you didn't like and didn't want to experience it again?

Service Job Experience

86. What do you think good service is?
87. When you worked as a service provider, how did you feel?
88. Have you offered a special service to your customers?/have you gone extra mile to please your customer? Was that your duty? Why did you do it? When you offered special service, how did the customer react?
89. What is the best example of customer service that you have come across?
90. Do you have any unforgettable customers?
91. What did you like about working in the customer service field?
92. Have you had any difficulties when you worked in the service field? If so, why and how did you overcome it? If not, why not?
93. How would you handle an angry customer?
94. Have you ever acted firmly to customers? When and why?
95. Tell me about the situation when you ever said 'NO' to a customer? Why? And how did you talk to the customer?
96. Have you had a difficult customer? And how did you feel when the customer was being difficult or demanding?
97. Tell me a situation when you got stressed when you worked in the service field.
98. Have you been upset at work? /Have you ever lost your temper?
99. What is the worst example of customer service that you have come across?
100. Have you ever received a complaint from a customer?

I wish you
the best of luck